MARKETING ESPORTIVO

Marco Antonio Siqueira

MARKETING ESPORTIVO

Uma visão estratégica e atual

Editora Saraiva

ISBN 978-85-02-22381-3

CIP-BRASIL. CATALOGAÇÃO NA FONTE
SINDICATO NACIONAL DOS EDITORES DE LIVROS, RJ.

S628m

Siqueira, Marco Antonio
Marketing esportivo / Marco Antonio Siqueira. - 1. ed. - São Paulo : Saraiva,

2014.

ISBN 978-85-02-22381-3

1. Marketing esportivo. I. Título.

14-10468 CDD: 796.0698
CDU: 796.062

Editora Saraiva

Rua Henrique Schaumann, 270
Pinheiros – São Paulo – SP – CEP: 05413-010
PABX (11) 3613-3000

SAC | **0800-0117875**
De 2ª a 6ª, das 8h30 às 19h30
www.editorasaraiva.com.br/contato

Direção editorial Flávia Alves Bravin
Coordenação editorial Rita de Cássia S. Puoço
Editorial Universitário Luciana Cruz
Patricia Quero
Editorial de Negócios Gisele Folha Mós
Produção editorial Daniela Nogueira Secondo
Rosana Peroni Fazolari
Produção digital Nathalia Setrini Luiz
Suporte editorial Najla Cruz Silva
Arte e produção Oitava Rima
Capa Valter Botosso Júnior
Produção gráfica Liliane Cristina Gomes
Impressão e acabamento Geográfica Editora

1ª edição

399.311.001.001

Uma visão estratégia e atual que constrói vencedores dentro e fora das arenas.

Em memória de Marcelo Poyares,
aluno, colega e amigo.

Agradecimentos

Seria necessário escrever outro livro apenas para agradecer a tantas pessoas que me ajudaram a chegar até aqui, mas acredito que elas se reconheçam com orgulho nesta obra.

Em primeiro lugar, agradeço à minha família, pelo carinho e dedicação.

Particularmente, agradeço aos meus pais, que apostaram na minha formação acadêmica e me ensinaram o valor do saber.

Entre os meus mentores, agradeço, em especial, ao meu avô materno, Miguel Carvalho, que me incentivou pelo gosto à Literatura e, principalmente, ao Esporte.

Sou grato, também, ao Professor Jairo Reis, pelo carinho e competência com que lapidou meu dom para a redação. Obrigado ao amigo, aluno e colega Paulo Jamelli pelas atitudes e palavras de apoio.

Não poderia me esquecer de Luiz Fernando Magliocca, professor e chefe, por seu conhecimento, postura e companheirismo.

Agradeço, ainda, ao chefe, amigo e incentivador Lúcio Astolfo Novaes de Araújo.

Também agradeço por ter a meu lado pessoas como José Luiz Portella, Eduardo Rosemberg, Sebastião Bonfá e Renê Djekeim, verdadeiros mitos em suas respectivas áreas.

Especialmente, agradeço ao amigo e colega Fernando Cássio Fernandes, que colaborou para esta obra com seus profundos conhecimentos de Administração Esportiva, além do seu incentivo e amizade incondicionais.

Agradeço, finalmente, a Deus.

Sobre o autor

Marco Antonio Siqueira tem 40 anos e é apaixonado por esporte e por marketing. Pós-graduado pela Escola Superior de Propaganda e Marketing (ESPM-SP), certificado em Licenciamento pela LIMA (*Lincensing Industry Merchandiser's Associtation*) e bacharel em Comunicação Social pela Fundação Armando Álvares Penteado (FAAP), com habilitação tanto em Rádio e TV quanto em Publicidade e Propaganda. Começou no Marketing Esportivo em 1998, pelo São Paulo FC, onde ajudou a criar o primeiro programa sócio-torcedor do Brasil. Entre muitos projetos, desenvolveu o conceito da loja que deu origem à rede Poderoso Timão e atuou como gestor do projeto de lojas oficiais da Copa do Mundo FIFA de Futsal Brasil 2008. Foi professor titular de Marketing Esportivo do primeiro curso de graduação em gestão esportiva do país, na Universidade São Marcos, atua como consultor independente, associado a projetos recentes de Automobilismo e Motovelocidade.

Prefácio

Se você gosta ou quer aprender, de verdade, sobre Marketing Esportivo, leia Marco Antonio Siqueira. Porque ele esgota a matéria. Com brilhantismo.

O livro de Marco Antonio Siqueira tem duas pegadas fortes. A primeira é a forma didática como ele expõe o assunto. Um livro para aprender, saber a respeito do assunto. E feito de modo interessante, sem chatice. Sem se parecer com aqueles livros-textos antigos de escola. Nele, os conceitos e as definições vão surgindo naturalmente; como quem faz uma boa conversa. Atraente. A segunda boa pegada é que ele se baseia em fatos reais, bem concretos, que dão vida à exposição e permitem ao leitor conhecer a matéria por meio de casos que já conhece ou dos quais ouviu falar. É como um livro ou história com personagens reais, conhecidas. Tira a aridez de um texto didático e dá vida à narrativa.

Marco Siqueira foi ministrar aula no Curso Superior de Gestão do Esporte que montei na Universidade São Marcos. Foram anos de luta e entusiasmo, formando gente ávida de enveredar pelo mundo do esporte. Hortência, a rainha do basquete brasileiro, o comentarista Caio Ribeiro, os jogadores César Sampaio, Jamelli e muitos outros passaram por lá. O Curso Superior de Gestão do Esporte era uma mistura de ex-atletas, gestores intermediários de equipes esportivas e jovens que queriam se iniciar na gestão esportiva. Marco Antonio foi um parceiro na construção do sonho de formar gente capacitada para melhorar o esporte no Brasil.

O esporte, com o futebol como carro-chefe, representa quase 2% do PIB brasileiro. Poderia duplicar seus números em cinco anos, gerando emprego qualificado e renda, se tivéssemos mais organização, mais compromisso com uma gestão profissional. Marco Antonio embarcou com alma nesse projeto e foi na Academia que percebeu a necessidade de lançar um livro que oferecesse base teórica aos interessados. Sem ser professoral e inóspito. Sem ser difícil de se absorver.

Tenho muito orgulho de tê-lo tido como colega nessa empreitada que o levou a desejar escrever um livro que trouxesse o assunto à tona de forma atualizada e técnica, ao mesmo tempo. Anos depois, Marco Siqueira me procura com o resultado do seu projeto. O livro tem a pulsação das coisas que estão sintonizadas com o mundo real, com suas dificuldades verdadeiras, fugindo do padrão acadêmico clássico que não se preocupa em juntar conhecimento com mercado de trabalho e exemplos reais.

É um livro didático e, ao mesmo tempo, um livro de aplicação imediata para quem trabalha nesse mercado. Se alguém tiver alguma dúvida, experimente o capítulo sobre arenas esportivas, tema que até hoje é um desafio no Brasil. Veja os resultados dos estádios construídos para a Copa de 2014. Quem os fez não leu Marco Siqueira. Todos os erros que estamos acompanhando teriam sido evitados se os conceitos do livro fossem postos em prática. Só por aí já é possível enxergar a contribuição de *Marketing esportivo: Uma visão estratégica e atual.* Um livro que não só vale a pena saborear. Dificilmente você deixará de aprender algo importante.

Marco Siqueira projetou um livro para marcar uma diferença no assunto. E conseguiu.

José Luiz Portella *idealizou e realizou o Estatuto do Torcedor, Lei 10.671e a Lei 10.672 de moralização e profissonalização do futebol brasileiro. Criou e dirigiu a Escola Superior do Esporte – Universidade São Marcos, primeiro curso de Gestão no Esporte no país, aprovado pelo MEC, com graduação superior. Como Secretário Estadual dos Transportes Metropolitanos/SP, idealizou e inaugurou a ciclovia do Rio Pinheiros e admitiu as bicicletas no metrô e nos trens da CPTM.*

Prefácio do Autor

Em mais de 10 anos atuando no Marketing Esportivo e, especialmente, na condição de professor dessa disciplina, percebi uma lacuna para títulos em português sobre o assunto. Os livros existentes limitavam-se apenas a apresentar números e estudos de caso, trazendo pouca coisa de uso prático.

Sem desdenhar dos autores dessas obras, eu sentia a necessidade de um teor mais sólido, estratégico, que habilitasse profissionais de Marketing e Esporte, das mais diversas modalidades, a aplicar a teoria em seu planejamento e dia a dia de trabalho.

Diante dessa realidade, o objetivo geral desta obra é aplicar conceitos de Marketing, alguns básicos, outros mais sofisticados, ao mundo esportivo. Mais do que isso, permitir que estudiosos de Marketing possam aplicar seu conhecimento profissional e acadêmico ao Esporte, por meio das melhores práticas em Marketing Esportivo. Em contrapartida, municiar profissionais de entidades esportivas com os conceitos consagrados de Marketing, agregando-os à sua especialidade na Indústria Esportiva.

Como tudo na Natureza, eu poderia dizer que nada neste livro é totalmente novo. A ideia é associar conceitos consagrados pelos mestres do Marketing, aprendidos nas melhores universidades, às peculiaridades e experiências bem-sucedidas no Esporte. Assim, o livro conta com o apoio de relatórios e publicações internacionais, bem como de amigos e profissionais dessas duas frentes, além de obras de notória aceitação no mundo da Administração de Empresas.

Mais do que defender novas teses, esta obra busca encontrar a interseção entre Marketing e Esporte, criando o que chamo de Marketing Esportivo de verdade.

Veremos, também, como esse negócio está sendo revolucionado pelas novas tendências tecnológicas e culturais da Era da Informação, que permitem que esse conteúdo possa ser aplicado integralmente a entidades esportivas de todos os portes, com igual qualidade e eficiência, além de integrar, como nunca visto ou pensado, os ativos de Marketing Esportivo.

Iniciaremos o primeiro capítulo com vista a chegar a uma definição conclusiva dos conceitos básicos de Marketing e do que, a partir disso, significa Marketing Esportivo. Ademais, conheceremos os principais ativos de Marketing Esportivo e o seu impacto sobre as entidades esportivas, além de estudarmos sua dinâmica competitiva.

No capítulo 2, trataremos de apresentar o Processo de Marketing Esportivo; em outras palavras, a matriz estratégica do Esporte ao longo de seu ciclo de vida: formação de praticantes, de torcedores e de consumidores.

A partir do capítulo 3, entenderemos os aspectos estratégicos e operacionais das principais fontes de recursos das entidades esportivas: Patrocínio, Licenciamento & Varejo, Direitos de Mídia e Arenas Esportivas.

A seguir, já no capítulo 7, iremos analisar como o Marketing Esportivo está inserido nas plataformas de Comunicação do mercado corporativo e quais as principais ferramentas disponíveis para atingir objetivos de Marketing por meio do Esporte.

Por fim, no oitavo capítulo, faremos uma revisão (ou introdução, de acordo com o nível de conhecimento prévio do leitor) sobre aqueles conceitos básicos de Marketing, cujo entendimento é essencial para a melhor compreensão desta obra.

Paralelamente à espinha dorsal do livro, serão apresentados breves estudos de caso, que visam a suportar e ilustrar o conteúdo teórico.

Os leitores também estão convidados a participar da comunidade de Marketing Esportivo no Facebook (facebook.com/truesportmarketing), onde poderão ter acesso a publicações e discussões complementares a esta obra.

Sumário

Capítulo 1

Conceitos de Marketing Esportivo

O Esporte enquanto negócio deve atingir cerca de 1,5 trilhão de dólares na próxima década, em patrocínios, direitos de retransmissão e venda de produtos e ingressos.

Mais do que a vultosa quantia de dinheiro que movimenta, a grandeza da Indústria do Esporte pode ser mais bem observada quanto à sua amplitude. Isso significa dizer que esse negócio tanto afeta toda a economia quanto é afetado por muitas outras indústrias.

Marcas duradouras se criam por meio do Esporte. E grandes nações se curvam ao seu poder de impulsionar a economia interna, assim como de aprimorar as relações internacionais.

Olhando para dentro da indústria, marcas estritamente esportivas estão entre as mais valorizadas do mundo. Ou seja, em todos os continentes, o Esporte está enraizado não apenas na cultura popular, mas no mundo dos negócios.

1.1 Produtos do Esporte

1.1.1 Atletas

Os atletas são o produto mais elementar do Esporte. Sem a sua existência e competência, não haveria qualquer temática ou conteúdo relevante.

A performance dos atletas determina o nível de envolvimento dos fãs e, por consequência, impacta, direta ou indiretamente, nas principais fontes de receita das entidades esportivas.

Do mesmo modo, esses ícones da vida moderna são poderosas ferramentas para a construção de marcas corporativas e a venda de produtos de diversos segmentos.

1.1.2 Equipes

Tratando-se de modalidades coletivas, as equipes são produtos valiosos do Marketing Esportivo, seja como marcas ou simplesmente como reunião de um grupo de atletas.

Enquanto a maioria dos ídolos possui um ciclo de vida curto, os clubes costumam angariar fãs ainda mais leais, por longos períodos. Da mesma forma que os atletas, essas marcas possuem o conteúdo necessário para impulsionar a geração de recursos por meio do Esporte, principalmente para iniciativas de patrocínio e venda de produtos relacionados.

1.1.3 Eventos

Os eventos esportivos nada mais são, em última análise, que reuniões de atletas e/ou equipes, e, por esse motivo, criam um apelo especial para o mercado.

As competições esportivas são produtos essenciais do Esporte, tanto para praticantes (que pagam inscrições) e para torcedores (que adquirem ingressos) quanto para o mercado corporativo, seja na forma de conteúdo de Mídia ou de veículo de Comunicação.

Figura 1.1 Produtos básicos do esporte

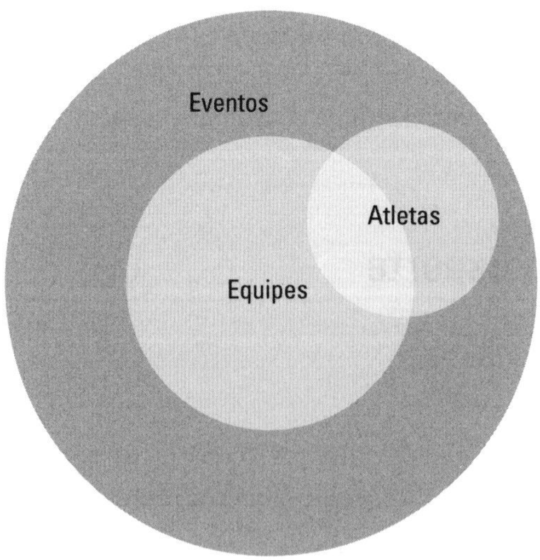

1.2 Clientes do Esporte

Quando falamos em clientes do Esporte, cada um tende a olhar sob a sua própria perspectiva. Por isso, é difícil chegar a uma compreensão mais elaborada de quem são (e por que são) os clientes do Marketing Esportivo.

A necessidade de entender quem são esses clientes é simples e, ao mesmo tempo, não tão óbvia. Conquistar todos esses grupos, conhecendo e atendendo às suas necessidades, é a chave para o sucesso comercial de equipes, modalidades e eventos esportivos, seja dentro ou fora dos campos, quadras e pistas.

1.2.1 Praticantes

Os atletas são produtos essenciais do Marketing Esportivo, mas, antes de tudo, consomem produtos e serviços esportivos.

Em muitas modalidades, inclusive, é essa relação de consumo que promove as principais oportunidades de negócios. Obviamente, em cada nível, desde a iniciação, passando pelos Esportes amador e profissional, cada atleta demanda necessidades e desejos específicos, com diferentes impactos sobre o negócio. Eles buscam diversos produtos e serviços esportivos.

Nesse sentido, as equipes, ligas e eventos esportivos procuram sempre atrair uma equação entre o maior número de atletas e o melhor nível técnico possível.

1.2.2 Torcedores

Os fãs são, no final das contas, os principais clientes do Esporte. Afinal, sua demanda pelo consumo de Esporte ao vivo e na Mídia gera diversas oportunidades de negócios e, por consequência, novos clientes interessados em aproveitar esses atalhos para atingir os seus próprios consumidores.

Ainda que nem sempre sejam os compradores, os torcedores são usuários finais para ingressos, produtos oficiais e transmissões esportivas na Mídia, além de receptores das mensagens de patrocínio.

1.2.3 Mercado Corporativo

Construiu-se o mito de que apenas grandes corporações são potenciais patrocinadores esportivos. Porém, como o Esporte pode ser disputado nos mais variados níveis, existem oportunidades de patrocínio para empresas de todos os tamanhos, em todas as fases do Processo de Marketing Esportivo.

Além da compra de espaço publicitário nas arenas e do patrocínio de uniformes, em diferentes formatos, as empresas são potenciais compradores de ingressos (distribuídos ou subsidiados para seus clientes e consumidores) e de cotas de transmissão na Mídia.

Já as empresas de Mídia procuram o Esporte para atender à sua principal necessidade: oferecer conteúdo atrativo para conquistar o público e, consequentemente, maior audiência e melhores anunciantes. Além disso, quando empresas de Mídia adquirem direitos sobre eventos esportivos, a decisão de compra incorpora alguns fatores mais técnicos, como infraestrutura e custos de produção e distribuição.

1.3 Demanda por Marketing Esportivo

O aumento da demanda pelo Marketing Esportivo, nas últimas décadas, pode ser explicado, em parte, de forma semelhante ao que ocorreu com o Marketing, digamos, tradicional.

Após a Revolução Industrial, houve uma superprodução de bens de consumo e o consequente aumento da concorrência. Com isso, surgiu a necessidade de diferenciação de produtos na conquista dos consumidores.

No Esporte não foi diferente. O surgimento e o desenvolvimento de novas modalidades esportivas, em novas áreas geográficas, gerou uma concorrência sem precedentes nessa indústria.

O processo de sofisticação desse negócio fez multiplicar os investimentos, embalados pelo aumento meteórico dos salários dos atletas, impulsionando a busca por resultados financeiros mais expressivos. A globalização, seja no âmbito trabalhista, cultural ou comercial, respaldada pelo avanço tecnológico na Era da Informação, tratou de tornar o torcedor mais exigente e acelerar o processo de profissionalização.

Para responder a essa demanda por crescimento constante, as entidades esportivas precisaram evoluir fora das quadras, pistas e campos, explorando, da melhor forma, os seus ativos comerciais. Sendo assim, começou a corrida pela capacitação dos departamentos de Marketing, por meio dos cursos de formação e de especialização em Marketing Esportivo.

Assim como ocorreu em sua versão básica, quando as práticas de Marketing em Comércio e Serviços levaram algum tempo para atingir o mesmo patamar da Indústria, no Esporte, para cada modalidade, em cada país ou continente, existem diferentes escalas quanto ao nível de desenvolvimento do Marketing Esportivo.

Por outro lado, é importante observar que o mundo corporativo consagrou o Esporte como ferramenta de Comunicação em um tempo no qual a produção de conteúdo relevante é a chave para estabelecer e fortalecer a ligação das marcas com os consumidores.

1.4 Definições de Marketing Esportivo

Entender o que significa Marketing Esportivo passa, obviamente, por conceituar o que é Marketing. Mas isso não significa que iremos rejeitar os significados já arraigados pelo uso popular, e sim buscar definições claras, lógicas e objetivas.

É muito comum a confusão entre Marketing e Comunicação – ou até mesmo Propaganda. É verdade que existe uma forte relação entre esses temas, mas eles são distintos.

Começando pelo final, Propaganda é uma ferramenta de Comunicação, assim como Promoção, Patrocínio e Merchandising também o são. Por sua vez, a Comunicação é um dos quatro principais sustentáculos do Marketing, ao lado de Produto, Preço e Distribuição.

Marketing é uma filosofia de negócios pertencente à Administração de Empresas, que estuda as implicações da relação entre as corporações e o mercado. "Mercado", na linguagem de Marketing, significa grupos de clientes ou consumidores. Portanto, podemos admitir que o Marketing estuda, do ponto de vista estratégico e operacional, organizações com foco em seus clientes. O Marketing acredita que a maneira de conquistar o crescimento sustentável no mundo corporativo está relacionada à obtenção e, principalmente, à retenção de clientes.

Em um paralelo simples e lógico, podemos aplicar o adjetivo "Esportivo" logo após o termo "Marketing", para encontrar a definição de Marketing Esportivo. Ainda assim, como o nosso objetivo é tornar essa definição absolutamente clara, vale traduzir alguns conceitos de forma mais nítida dentro do Esporte. "Corporações" passam a ser, basicamente, entidades esportivas (federações, clubes e promotores de eventos), enquanto "clientes" são praticantes, espectadores, Mídia, governos e corporações em geral.

Em outras palavras, o Marketing Esportivo busca, em sua essência, captar e fidelizar clientes dentro desses diferentes mercados. Isso significa que todos os demais objetivos, de curto e médio prazos, almejando a sobrevivência e o crescimento das entidades esportivas, devem considerar essa linha mestra, no longo prazo.

Como prometido, também iremos não apenas aceitar o significado já consagrado para Marketing Esportivo, mas analisá-lo sob um ponto de vista estratégico. No entendimento popular, e mesmo corporativo, na maioria esmagadora dos casos, Marketing Esportivo se refere a estratégias de Comunicação das corporações.

1.4.1 Marketing para Entidades Esportivas

Assim como para as corporações das mais variadas indústrias, o resultado econômico e institucional de entidades esportivas provém – quase que unicamente – de suas transações com clientes e consumidores. Por isso, atender às necessidades e aos desejos do mercado é o meio para atingir seus objetivos organizacionais.

Dessa forma, o Marketing aplicado a entidades esportivas torna-se uma ferramenta de domínio obrigatório para os seus gestores. Devido à grande demanda por conhecimento, assim como à complexidade do tema, grande parte desta obra é orientada sob essa ótica.

1.4.2 Marketing Esportivo para Empresas

O termo Marketing Esportivo também pode identificar outra atividade bastante diferenciada. Trata-se do Esporte como ferramenta de Marketing, essencialmente de Comunicação, utilizada pelas organizações de diferentes indústrias, a fim de atingir seus objetivos estratégicos.

Pode parecer um pouco confuso, mas esse significado já está consagrado pelo uso, e não cabe mais tentar excluí-lo ou modificá-lo. Entretanto, não iremos alimentar a falsa ideia de que o Esporte é unicamente uma Mídia na qual as empresas expõem seus logotipos.

Embora os demais capítulos desta obra apresentem um conteúdo muito relevante para os gestores de marcas corporativas, o capítulo 7 está reservado justamente para a discussão do Marketing Esportivo sob esse enfoque.

Antes de estudarmos como otimizar as receitas de Marketing Esportivo, precisamos entender alguns aspectos estratégicos fundamentais que movem os negócios do Esporte. Mais do que isso, identificar quais os principais ativos de Marketing das entidades esportivas e qual a relação que existe entre eles.

1.5 Conceitos de Marketing Aplicados

Sem dúvida, a imensa maioria dos conceitos de Marketing pode ser aplicada ao Esporte, sendo alguns mais óbvios e outros nem tanto.

1.5.1 Posicionamento no Esporte

Aplicado ao mundo dos negócios, o posicionamento permite que as organizações concorrentes se destaquem umas das outras e consigam conviver de forma sustentável.

No Esporte, todos sofrem, inevitavelmente, algum tipo de concorrência, vinda de outras equipes e até mesmo de outras modalidades. Por isso, encontrar um segmento rentável, definir o público-alvo e adequar seus ativos de Marketing para atendê-lo plenamente é fundamental.

Encontrar novos posicionamentos, ou simplesmente encontrar um, pode ser determinante para o crescimento sustentável das receitas comerciais.

1.5.2 Ciclo de Vida do Esporte (CVE)

Assim como em outras indústrias, o Esporte também está fadado a um destino que vai do nascimento ao declínio. Restringidas ao ciclo de vida do Esporte como um todo estão as modalidades esportivas, que, por sua vez, delimitam as fronteiras de suas equipes e atletas.

Esse entendimento nos leva a duas conclusões fundamentais, sobretudo ao estudarmos o Processo de Marketing Esportivo, no próximo capítulo:

a. Além de cuidar do próprio negócio, todas as entidades esportivas e atletas são responsáveis, em alguma instância, pelo desenvolvimento de sua modalidade e do Esporte em geral;
b. Cada fase do CVE exige estratégias e recursos diferentes, que cada modalidade deverá enfrentar diversas vezes, ao ser introduzida a um novo público, principalmente em uma nova região.

1.6 Ativos de Marketing Esportivo

Fundamentalmente, os ativos de Marketing são as principais – e muitas vezes únicas – fontes de receita das entidades e dos eventos esportivos.

Quando bem trabalhados, não apenas são impulsionados pelo desempenho esportivo, mas também o impulsionam, criando um ciclo virtuoso de crescimento, dentro e fora das arenas.

Quanto melhores os resultados comerciais, melhor a estrutura esportiva oferecida, refletindo em melhores resultados esportivos, responsáveis por gerar mais valor comercial, conforme nos mostra a Figura 1.2, a seguir.

Figura 1.2 Ciclo virtuoso da Gestão Esportiva

1.6.1 Fontes de Receita de Marketing Esportivo

As fontes de receita do Esporte podem ser divididas, basicamente, em quatro grandes grupos, interdependentes e cada vez mais integrados: Patrocínios, Licenciamento & Varejo, Direitos de Mídia e Exploração de Arenas Esportivas.

Antes de entender como otimizar cada umas dessas fontes de receita separadamente, é preciso reconhecer a forte ligação existente entre elas, considerando seus impactos de longo prazo sobre os resultados econômicos e esportivos.

O "trevo da sorte" do Marketing Esportivo faz analogia ao efeito único que a gestão integrada desses ativos pode causar no destino das entidades esportivas. Quando uma única folha é omitida, perde-se não apenas uma parte importante do trevo, mas também se coloca o mesmo em lugar comum, fazendo-o perder sua magia, ou melhor, sua vantagem competitiva.

Figura 1.3 Trevo da sorte do Marketing Esportivo

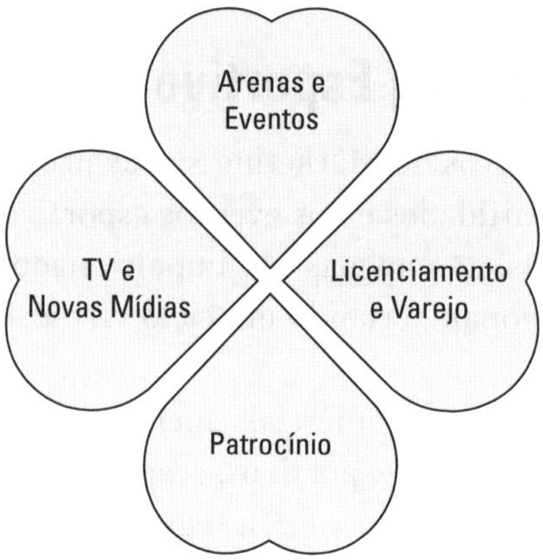

Não por acaso, as quatro folhas do trevo da sorte do Marketing Esportivo justamente compõem a espinha dorsal desta obra:

- **Patrocínios**
  Incluem, além das ações do patrocínio propriamente dito, outras ferramentas de Comunicação, como Propaganda, Merchandising e Promoção em eventos esportivos.
- **Licenciamento & Varejo**
  Licenciamento & Varejo envolvem, principalmente, a cessão de direitos para o uso de marcas de equipes e eventos esportivos, assim como a comercialização desses produtos, por meio de canais de venda próprios, ou mesmo a cessão de uso da marca para serviços, incluindo franquias, como clínicas e bares temáticos.

- **Direitos de Mídia**

  Compõem os direitos de Mídia a concessão de licença para a retransmissão de eventos esportivos nos diversos meios de Comunicação, principalmente na TV. Neste grupo, também estão incluídas as receitas, como assinaturas, ou mesmo Publicidade, a partir de veículos próprios das entidades esportivas.

  Vale notar que, na Era da Informação, tal fonte de recursos se tornou acessível para entidades esportivas de todos os portes.

- **Exploração de Arenas Esportivas**

  O principal elemento deste grupo costuma ser a venda de ingressos para eventos esportivos realizados nas arenas, mas ele engloba, também, a exploração de fontes adicionais de recursos nos dias de competição, como a venda de alimentos, bebidas, produtos oficiais e tíquetes de estacionamento.

Um estudo da consultoria PricewaterhouseCoopers (PWC, 2011) identificou como o mercado esportivo global está dividido entre as principais fontes de recursos, como vemos no Gráfico 1.1.

Gráfico 1.1 Divisão do Mercado Esportivo Global

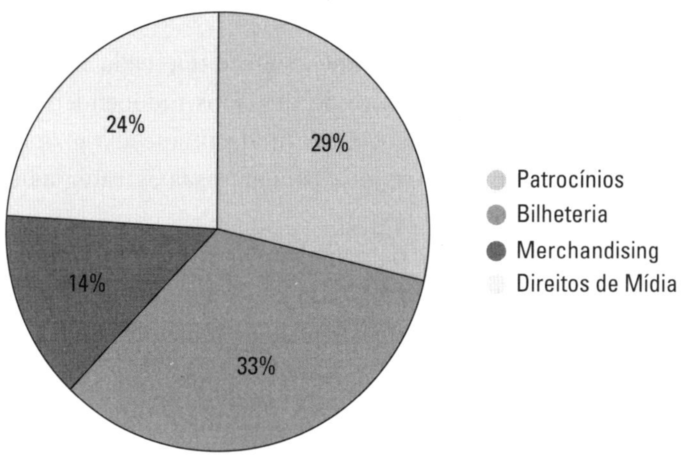

Fonte: PwC (2011).

1.6.2 Vendas Cruzadas

Não é tão complexo perceber como se interligam e interagem os ativos de Marketing Esportivo. Muitas vezes, é difícil estabelecer as fronteiras que separam cada grupo, como no caso de Publicidade nas arenas ou de cessão de uso da marca para programas de TV, por exemplo.

Entretanto, essa cumplicidade não significa uma limitação, pelo contrário. Por meio dessa sinergia, surgem oportunidades de venda cruzada, uma vez que os ativos possuem potenciais clientes em comum, como nos exemplos a seguir, para clientes corporativos:

a. Os patrocinadores geralmente têm interesse em distribuir brindes fabricados pelos licenciados;
b. As empresas de Mídia são potenciais compradores de ingressos corporativos, os quais são oferecidos para os seus anunciantes;
c. Os licenciados costumam se interessar por Publicidade ou concessões para venda de produtos nas arenas.

Em outras palavras, os ativos de Marketing são peças interdependentes de uma mesma engrenagem, cada um agregando valor para a marca e para os demais ativos, como produtos que fazem parte de um mesmo portfólio.

Uma situação hipotética – e cada vez mais atual – resume esse conceito: das arquibancadas do estádio, um torcedor assiste ao replay do gol em seu telefone celular, o qual possui as cores e o escudo do seu clube do coração.

1.6.3 Estrutura Organizacional

A administração esportiva contemporânea sugere que cada um desses grupos de ativos seja gerenciado como uma unidade de negócios independente, com objetivos, estratégias, mix de Marketing, recursos e resultado financeiro próprios. Portanto, a estrutura organizacional é a base para impulsionar essas estratégias e, consequentemente, os resultados comerciais.

Essa é a receita consagrada para os principais casos de sucesso das mais importantes entidades esportivas do planeta. Contudo, devemos reconhecer que entidades e eventos esportivos de menor porte podem fazê-lo de forma integrada, utilizando uma estrutura única.

1.7 Análise Competitiva

Por meio de uma análise competitiva da Indústria do Esporte, podemos encontrar uma função estratégica para esses grupos de ativos. Da mesma forma que em outros setores a maior dependência de poucos compradores diminui o poder de negociação de seus fornecedores, a dependência excessiva de qualquer desses ativos pode representar uma perda de rentabilidade para as organizações esportivas.

Obviamente, quanto melhor for o desempenho de cada uma das unidades de negócio, melhor será o resultado final, o que torna este um objetivo indiscutível. O equilíbrio desses ativos, porém deve ser buscado incessantemente, a fim de garantir resultados ainda melhores, principalmente no médio e longo prazos. Por isso, a divisão em unidades de negócios se torna altamente recomendada, criando uma concorrência interna entre as áreas e permitindo uma análise criteriosa dos resultados.

Talvez seja necessário esclarecer que sempre existirá alguma disparidade, por menor que seja, entre as fontes de receita, até mesmo por questões muito características de cada modalidade. E isso significa dizer que os gestores esportivos devem observar o potencial real de cada grupo e empenhar-se ao máximo para diminuir essas diferenças, sempre em direção a um cenário mais próximo de um equilíbrio ideal.

Outro ponto de vista interessante visa aos impactos de médio e longo prazos. Não podemos esquecer, também, que cada um desses grupos de ativos ocupa alguma função estratégica, como promover o evento, no caso do licenciamento, ou estreitar o relacionamento com os fãs, no caso de arenas.

Qualquer desequilíbrio importante pode afetar negativamente o negócio como um todo. O aumento na audiência da TV, por exemplo, que representaria um potencial incremento nos direitos de Mídia, pode resultar em uma queda na venda de ingressos, afetando ações promocionais dos patrocinadores e causando redução na venda de produtos licenciados.

Ao mesmo tempo, não se pode ignorar que todas as unidades de negócio devem caminhar no mesmo sentido estratégico, algo que deve estar muito claro no planejamento estratégico global.

1.7.1 Conceito de Coopetição

O conceito de "coopetição", um neologismo criado pela fusão das palavras "competição" e "cooperação", pode ser atribuído a muitas indústrias, mas ganha força no Esporte, mais especificamente no caso de equipes e atletas.

Se as entidades esportivas são concorrentes dentro dos campos, quadras e pistas, no aspecto comercial, a competição convive com uma forte interdependência. Portanto, podemos dizer que o sucesso de uns depende do crescimento de outros.

Sendo assim, além da necessidade de se destacar no mercado e disputar os melhores resultados esportivos, as equipes esportivas devem ter por objetivo o crescimento da indústria, gerando um aumento da receita total e a sustentabilidade do negócio no longo prazo.

1.7.2 Ligas Esportivas

As ligas podem ser definidas como organizações formadas por um grupo de equipes esportivas ou de atletas que competem entre si, criadas com o intuito de gerir, esportiva e comercialmente, competições esportivas.

Podemos concluir que o argumento para a criação de ligas esportivas é o conceito de coopetição. Trabalhando em conjunto, principalmente na área comercial, seus membros fortalecem seu poder de negociação em relação aos clientes corporativos, alavancando as principais fontes de recursos do Esporte.

As receitas comerciais – ou parte delas – são divididas uniformemente entre os membros da liga, levando a níveis mais próximos de receitas, favorecendo, consequentemente, o equilíbrio competitivo.

O histórico de sucesso de muitos eventos esportivos, como a NBA ou a English Premier League, confirma que o equilíbrio esportivo atende aos interesses dos fãs, dos patrocinadores e da Mídia.

Capítulo 2

Processo de Marketing Esportivo

O processo de Marketing Esportivo é uma maneira objetiva e simplificada de demonstrar que, para conquistar sucesso no Esporte, dentro e fora das arenas, é necessário enfrentar três etapas básicas, muitas vezes simultâneas, que ocorrem durante o ciclo de vida das modalidades esportivas. São elas:

1. **Formação de Praticantes;**
2. **Formação de Torcedores;**
3. **Formação de Consumidores.**

Para cada uma dessas etapas existe um pensamento estratégico distinto e, por consequência, objetivos e estratégias variados.

As etapas estão ordenadas de forma a representar sua interdependência, embora, no plano estratégico, o início de uma etapa subsequente não significa, de maneira alguma, que o trabalho da(s) etapa(s) anterior(es) tenha cessado. Pelo contrário, o desempenho e a maturidade das etapas iniciais irão suportar, principalmente no longo prazo, as etapas seguintes.

É importante observar, também, que cada uma dessas etapas conta com (sub)produtos próprios, para clientes específicos, como vimos no capítulo anterior. Isso significa dizer que mesmo as etapas iniciais já têm capacidade de gerar receita comercial.

Figura 2.1 Processo de Marketing Esportivo

2.1 Formação de Praticantes

Sem quem o pratique, não existe Esporte. Embora, por definição, uma determinada modalidade esportiva possa ser entendida como um conjunto de regras, a verdade clara é que o Esporte nasce e cresce pela iniciativa de grupos de pessoas interessadas em praticá-lo e, antes disso, desenvolvê-lo. Por isso, a formação de praticantes cumpre um papel decisivo na fase de introdução de uma modalidade no Ciclo de Vida do Esporte (CVE).

Podemos considerar, também, que nesta etapa as modalidades esportivas competirão entre si pelo interesse e pelos recursos da população, mesmo que existam alguns fatores que influenciem o desenvolvimento do Esporte como um todo.

É natural que, qualquer que seja a modalidade, ela enfrente esse problema em algum momento de seu ciclo de vida, seja em seus tempos primórdios, após uma queda crônica de popularidade, ou em sua fase de internacionalização. Mas isso não é suficiente para que uma determinada modalidade alcance massa crítica para chegar com fôlego suficiente às etapas seguintes.

Em primeiro lugar, é necessário que esses praticantes representem, em quantidade, um mercado potencial que justifique a criação e a manutenção de arenas, além da produção de equipamentos indispensáveis à sua prática, como bolas, luvas ou tacos.

É importante observar que muitas modalidades, seja por sua tímida base de praticantes ou por sua estratégia de nicho, focam seus esforços nesta etapa do processo. Isso porque ela já é capaz de gerar receita, por meio da venda de material esportivo e de inscrições para eventos, além de atrair o interesse de corporações que desejem interagir com os próprios praticantes. Um ótimo exemplo são as Corridas de Rua. Embora existam interessados em assistir – gratuitamente – a esse tipo de prova, além de um crescente interesse relativo da Mídia, o principal consumidor final é realmente o atleta, seja amador ou profissional.

Podemos dizer que os praticantes, ainda que cheguem primeiro, representam um subgrupo do total de fãs de uma determinada modalidade esportiva. Nos Esportes mais populares, como o Futebol, costumam representar uma pequena fração do todo, enquanto em outros, como o Golfe, constituem a imensa maioria.

Vale notar que alguns fatores externos e internos influenciam diretamente a formação de praticantes. Os que chamamos de fatores ambientais externos nascem de uma análise do universo em torno da Indústria do Esporte. São fatores incontroláveis que afetam, de uma forma ou de outra, todos os setores da economia. Já os fatores ambientais internos surgem de uma análise estratégica da própria indústria, incluindo concorrentes, fornecedores, produtos e compradores. São fatores considerados controláveis, já que respondem às ações das organizações inseridas em uma determinada indústria.

2.1.1 Ambiente Externo

A fim de traçar um olhar mais estratégico, começamos analisando o ambiente externo.

Alguns fatores são decisivos na formação de praticantes, sobretudo no que se refere ao desenvolvimento de cada modalidade.

- **Ambiente Sociodemográfico**

  Questões de caráter sociodemográfico são decisivas no desenvolvimento do Esporte em geral e em modalidades específicas:

  a. **Tamanho da população:** quanto maior for a população de uma região, assim como a sua taxa de crescimento, maiores as chances de introduzir, com sucesso, o desenvolvimento de praticantes;

Gráfico 2.1 Praticantes e Torcedores

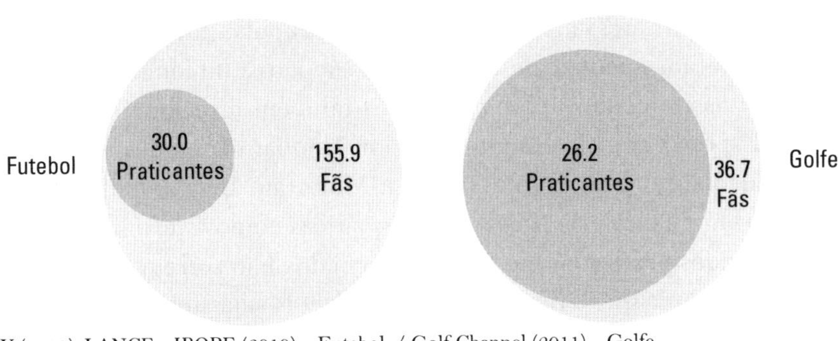

Fontes: FGV (2000); LANCE e IBOPE (2010) – Futebol. / Golf Channel (2011) – Golfe.

b. **Densidade demográfica:** quanto menor a densidade populacional, melhores as condições para o desenvolvimento de modalidades que exigem grande espaço físico, como Futebol e Rúgbi. Por outro lado, em territórios com alta densidade demográfica, modalidades que utilizam menor espaço, como Tênis de Mesa e Futsal, podem obter sucesso relativamente maior;
c. **Renda:** o poder aquisitivo de uma determinada população influi diretamente na aquisição de produtos e de serviços essenciais à prática esportiva. Algumas modalidades mais dispendiosas tendem a se desenvolver em regiões com maior concentração no topo da pirâmide de renda;
d. **Faixa etária:** a forma como está distribuída a pirâmide etária de uma determinada região seguramente influi no desenvolvimento de praticantes. Quanto mais jovem a população, maiores as chances de desenvolver a formação de atletas. Por outro lado, algumas modalidades, do ponto de vista amadoras, atraem a população mais madura;
e. **Etnia:** por suas características físicas e culturais, algumas etnias estão mais propensas à prática de uma determinada modalidade esportiva do que outras;
f. **Cultura:** sem dúvida, em algumas sociedades, Esporte e Qualidade de Vida são mais valorizados do que em outras. Ainda que seja um fator incontrolável por parte das entidades esportivas, certamente os esforços políticos e sociais podem transformar o cenário no longo prazo.

- **Ambiente Natural**

Seguramente, algumas características do ambiente natural de uma determinada região influenciam o desenvolvimento de modalidades esportivas:

a. **Clima:** as características climáticas interferem, naturalmente, na vocação de determinadas populações para a prática esportiva. Enquanto regiões de clima mais quente interagem melhor com Esportes outdoor, regiões mais frias têm uma propensão a desenvolver modalidades na neve ou praticadas em espaços fechados. É interessante pensar como as rápidas mudanças climáticas das últimas décadas podem afetar a prática esportiva no longo prazo;
b. **Relevo:** assim como o clima, o relevo também direciona o desenvolvimento do Esporte, principalmente outdoor. Enquanto regiões montanhosas são mais adequadas para Esqui Alpino e Mountain Bike, populações litorâneas encontram o Surfe e as Maratonas Aquáticas como alternativas mais viáveis. Modalidades praticadas em recintos fechados não sofrem quase efeito algum do relevo, ainda que o desempenho dos atletas seja afetado pela altitude.

- **Ambiente Político-Legal**

  Questões inerentes aos poderes Executivo e Legislativo influenciam o desenvolvimento do Esporte como um todo e, por consequência, de todas as modalidades.

  Mesmo se tratando de fatores incontroláveis, do ponto de vista das entidades esportivas, certamente o Estado e a sociedade têm o poder de tornar o ambiente mais ou menos favorável:

  a. **Políticas públicas:** iniciativas do Poder Público para o desenvolvimento e a valorização do Esporte, principalmente na rede pública de ensino, irão interferir na base de potenciais praticantes;
  b. **Legislação:** leis que incentivem o apoio das empresas privadas ao Esporte, por meio de benefícios fiscais, assim como a tributação de material esportivo, são alguns pontos de interferência sobre a formação de praticantes.

- **Ambiente Tecnológico**

  A tecnologia está envolvida, direta ou indiretamente, com a formação de atletas. Nesse sentido, algumas tendências tecnológicas podem afetar tal etapa, tanto em termos puramente técnicos quanto de Marketing:

  a. **Desenvolvimento de equipamentos:** a tecnologia dos equipamentos de competição e de treinamento interfere não só no desempenho dos atletas, mas também no custo e no acesso às modalidades esportivas;
  b. **Novas tecnologias:** a Comunicação tem papel fundamental na divulgação e na formação da imagem percebida de uma modalidade esportiva em uma determinada sociedade. Por isso, a democratização da informação, por meio da Internet, tem facilitado em muito a divulgação dos valores e das atividades esportivas.

2.1.2 Etapas para o Desenvolvimento de Praticantes

O desenvolvimento de praticantes deve passar por algumas etapas básicas, que permitem o crescimento sustentado de uma determinada modalidade.

Essas atividades são de responsabilidade e interesse próprios das entidades de organização de cada modalidade, ou seja, federações regionais, nacionais e internacionais, assim como das entidades afiliadas.

Para isso, obviamente, é necessário que a modalidade esteja, o quanto antes, organizada nesse sentido. Contudo, como veremos a seguir, outros agentes muito importantes nesse processo são a comunidade e a iniciativa privada.

Na análise dos fatores internos, encontramos os diferenciais competitivos no comparativo entre uma modalidade e outra.

- **Divulgação das Regras**

  Antes de começar a falar em praticantes, é imprescindível dizer que um Esporte é um conjunto de regras. Ou seja, para que uma modalidade possa receber o mínimo de reconhecimento, é preciso que sejam criadas regras, algumas mais concisas, outras mais complexas, para diferenciá-la das demais atividades.

  Além disso, é muito importante que essas regras estejam padronizadas e divulgadas, a fim de que praticantes de diferentes níveis e localizações geográficas possam competir entre si, em iguais condições de interesse e competitividade.

  É função das entidades reguladoras do Esporte manter regras e regulamentos claros e objetivos. A internet facilitou em muito o trabalho de disseminação de regras e regulamentos de competições, por meio de fontes únicas e fidedignas.

- **Disponibilidade de Equipamentos**

  Para a prática esportiva em bom nível, é necessário o uso de equipamentos adequados, como bolas, calçados, uniformes e itens de segurança.

  A função dos gestores esportivos é garantir o acesso a equipamentos de qualidade, a um custo relativamente aceitável.

  Enquanto o Futebol, por exemplo, exige pouco mais que uma bola, o Golfe e o Tênis demandam equipamentos de desempenho superior. Sem dúvida, esse é um gargalo a ser enfrentado no desenvolvimento de praticantes.

  Nesse sentido, é papel do Poder Público e dos gestores esportivos fomentar práticas que facilitem a produção, a importação e a distribuição desses equipamentos. A forma como estão organizados os canais de distribuição de material esportivo terá influência direta em um nível avançado desse processo.

- **Disponibilização de Infraestrutura**

  Ainda que os atletas possuam acesso aos equipamentos básicos necessários, sem o local adequado à sua prática o desenvolvimento de uma modalidade esportiva está seriamente comprometido.

  Tanto para o treinamento quanto para competições, em todos os níveis, a quantidade, a qualidade, a localização e a disponibilidade desses espaços, como campos, quadras e pistas, serão decisivas em seu grau de desenvolvimento.

- **Formação de Treinadores**

  Para garantir um nível aceitável de competitividade, emoção e plasticidade para a satisfação dos fãs e dos próprios praticantes, é necessário que em todas as esferas existam profissionais qualificados para a formação e o treinamento dos atletas.

Portanto, em uma etapa paralela, logo que formarem o primeiro grupo de praticantes, os treinadores devem estar aptos a garantir excelência na formação e no rendimento desses atletas, seja em escolas, universidades, clubes ou centros de aprimoramento técnico.

Além de promover o desenvolvimento técnico, os treinadores têm a função, não menos importante, de disseminar a mensagem entre os praticantes e toda a sociedade.

Quanto mais e melhores os treinadores, maiores as chances de desenvolvimento da modalidade. Por isso, estratégias como a criação de cursos de formação de treinadores e o incentivo ao intercâmbio internacional são fundamentais.

Vale notar que estudantes e professores de Educação Física, além de ex-atletas, estão mais propensos a buscar esse tipo de formação por meio de aulas teóricas e workshops.

- **Formação de Arbitragem**

  Para garantir o bom andamento das competições e o bom nível técnico, além de treinadores, é possível capacitar árbitros.

  Sem contar o óbvio papel de fazer cumprir as regras do jogo, os árbitros também influenciam indiretamente o nível técnico. São eles que garantirão o sucesso dos praticantes mais bem preparados e influenciarão a construção do topo da pirâmide.

  O processo de desenvolvimento dos árbitros em muito se parece com a questão dos treinadores. Em ambos os casos, num primeiro estágio, é muito comum que sejam importados de mercados mais desenvolvidos – quando houver, é claro.

  Assim como os treinadores, os futuros árbitros podem ser encontrados nas escolas de Educação Física e são formados por meio de aulas teóricas e práticas.

- **Desenvolvimento de Atletas**

  A partir do momento em que existem equipamentos e estrutura adequados, assim como profissionais capacitados, a modalidade está pronta para impulsionar o desenvolvimento técnico dos atletas, desde a formação até o alto rendimento.

  Num raciocínio lógico, quanto maior o número de praticantes, maior o nível técnico no topo da pirâmide, o que aumentará a atratividade para os fãs, sendo essencial para o sucesso das etapas seguintes do processo de Marketing Esportivo.

  Certamente, o principal alvo para iniciar a formação de atletas contempla crianças e adolescentes, buscando resultados de longo prazo. Contudo, programas de desenvolvimento, ou mesmo de formação, voltados aos adultos e à terceira idade podem trazer ótimos resultados, principalmente quando os objetivos estão voltados para o entretenimento e o bem-estar.

A formação de atletas deve passar pelas seguintes etapas:

a. **Iniciação:** engloba as primeiras experiências com a modalidade esportiva, muitas vezes em formato adaptado ou lúdico, dirigidas, sobretudo, a crianças e pré-adolescentes, visando à divulgação dos conceitos, regras e valores do Esporte. Para facilitar esse processo, regras e equipamentos podem ser adaptados para cada faixa etária. Geralmente, clubes, escolas e clínicas particulares são os principais responsáveis por implementar esta fase;
b. **Formação:** trata-se da primeira etapa mais estruturada, que visa, de alguma maneira, ao desenvolvimento técnico e à descoberta de novos talentos, além de utilizar os valores do Esporte na formação de bons cidadãos. Clubes, academias e escolas são agentes comuns nesta etapa;
c. **Rendimento:** etapa que objetiva, especificamente, o aprimoramento técnico dos talentos identificados na fase anterior, agora com treinamento regular, preparando os atletas para ingressar no Esporte profissional. É dirigida, geralmente, a adolescentes e jovens, destacados para competições em níveis regional e nacional. Esse trabalho é normalmente realizado pelos clubes e grupos comunitários ou privados;
d. **Alto rendimento:** etapa que busca a excelência técnica entre atletas jovens ou adultos, em nível profissional, com treinamento intensivo e diário, visando à conquista de resultados expressivos nacional e internacionalmente. Nesta fase, destacam-se clubes, centros de excelência e universidades.

Figura 2.2 Pirâmide dos Praticantes

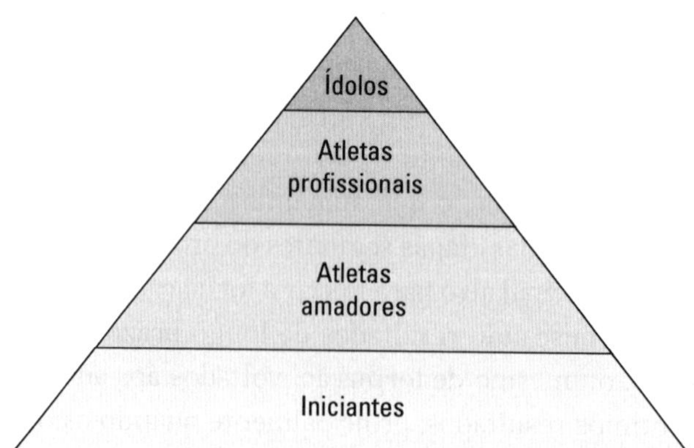

- **Organização de Competições**

Uma vez que já existem atletas (ou equipes) em um nível técnico razoável e em quantidade suficiente, chega o momento de estimular a competitividade e o aprimoramento técnico por meio do desenvolvimento de competições em diversos níveis.

Para o crescimento de uma determinada modalidade, em um determinado território, é necessário que se disponibilize uma gama de competições que atenda a cada etapa da formação e do desenvolvimento de atletas.

Dessa forma, será criada uma "escada" aspiracional, que irá entreter as crianças e os jovens, construindo os sonhos dos futuros profissionais:

a. **Competições infantis:** chamamos de competições infantis aquelas atividades voltadas às crianças, buscando oferecer a primeira experiência com a modalidade, sem incentivar a competitividade. Geralmente, são competições locais ou, no máximo, regionais. Costumam ser organizadas pelas próprias comunidades e pelas federações esportivas;
b. **Competições escolares:** são competições das quais participam exclusivamente alunos da rede de ensino, da educação básica e do ensino médio, procurando desenvolver talentos, sem incentivar a supercompetitividade. Podem ser eventos locais, regionais ou nacionais. A organização é de responsabilidade das escolas e da comunidade;
c. **Competições universitárias:** embora ainda seja uma disputa no âmbito estudantil, em algumas sociedades, a universidade é responsável pelo desenvolvimento de atletas de alto rendimento, e, por isso, tais competições sugerem maior competitividade e gestão profissional. Em outras localidades, organizam-se de forma similar às competições escolares. Costumam ser realizadas local, regional e nacionalmente, por meio do Poder Público e das próprias universidades ou ligas;
d. **Competições amadoras:** são, basicamente, disputas organizadas, envolvendo atletas adultos, sem premiação substancial, que visam a atrair jovens e adultos de todas as idades, como fonte de entretenimento e qualidade de vida. Podem ser organizadas pela iniciativa privada, pelos órgãos públicos e pelas ligas esportivas amadoras, com o apoio das entidades de organização da modalidade;
e. **Competições profissionais:** são eventos que prezam a competitividade entre atletas e equipes, visando ao aprimoramento técnico para os atletas e ao entretenimento para o público, além de resultados esportivos e econômicos. As competições internacionais também objetivam o intercâmbio de atletas e o nivelamento em termos técnicos. Podem ser realizadas pelas federações esportivas ou pelas ligas organizadas por atletas e equipes.

Em termos geográficos, todas essas competições costumam evoluir, a partir do nível regional, a níveis nacional e internacional. Além de contribuir para o modelo aspiracional, essa estratégia garantirá o intercâmbio técnico e o comparativo de desempenho entre os praticantes.

Rompendo Fronteiras

O Rúgbi é um dos Esportes mais populares do mundo, com cerca de 5 milhões de praticantes, em 117 países, além do apelo comercial intenso. Ainda assim, a modalidade enfrenta desafios para conquistar alguns mercados importantes, como o Brasil.

Curiosamente, no país, o Rúgbi é contemporâneo do Futebol, mas nem de longe atingiu a mesma popularidade. Porém, com planejamento e organização, o cenário promete evoluir rapidamente.

Uma pesquisa da consultoria Deloitte (2006) apontou o Rúgbi como a modalidade coletiva com maior potencial de crescimento no Brasil, com maior apelo entre os jovens do sexo masculino. Entre 2004 e 2011, o número de praticantes no país cresceu mais de 500%, segundo a Confederação Brasileira (NASCIMENTO; CORREIA, 2011).

A modalidade Seven retoma seu status de Esporte olímpico justamente nos Jogos do Rio de Janeiro, em 2016, com perspectiva de um crescimento acelerado nos próximos anos, já tendo conquistado importantes patrocinadores locais e garantido investimentos do Governo Federal.

O crescimento do Rúgbi no país costuma ser atribuído a alguns fatores conhecidos. Um dos principais elementos seria o aumento das transmissões de jogos na TV. Um ótimo exemplo foi a cobertura da Copa do Mundo de Rúgbi, um processo que vem sendo intensificado a cada edição, desde 1999. Em 2011, foram transmitidos 25 jogos ao vivo, em TV paga, com 3.200 horas no ar, apenas na primeira fase. No mesmo caminho segue o Rúgbi nacional: no mesmo ano, aconteceu a primeira transmissão ao vivo na TV de uma competição local.

Outro ponto fundamental, que recebe a atenção dos dirigentes brasileiros, é a formação de técnicos e árbitros, por meio de clínicas e cursos com certificação internacional, realizados regularmente em todas as regiões do país. Em 2010, foi inaugurado o primeiro campo público exclusivo para Rúgbi, com o objetivo de desenvolver novos talentos.

Os resultados dentro dos campos também ajudam: a seleção nacional feminina já detém a hegemonia na América do Sul e os homens conquistaram um inédito terceiro lugar no torneio continental, classificando-se para os Jogos Pan-Americanos de 2011.

- **Formação de Ídolos**

  Por meio de um bom desempenho nas fases anteriores, surgirão resultados expressivos e, consequentemente, serão formados ídolos esportivos para a sociedade, retroalimentando o ciclo de formação de praticantes.

  Na sociedade contemporânea, a Mídia terá papel fundamental na exposição e na construção da imagem desses ícones, que inspiram crianças e adolescentes à prática esportiva. Mesmo que a formação de ídolos locais dependa, com raras exceções, de um nível razoável de desenvolvimento, a globalização abre caminho para que ídolos internacionais possam ser importados e incorporados a ações locais, ou mesmo ídolos nativos formados no exterior.

2.1.3 Motivação dos Praticantes

Ao escolher a qual modalidade esportiva pretendem dedicar algumas horas por semana, os indivíduos seguem um processo de tomada de decisão semelhante ao de qualquer produto ou serviço.

Tal processo de decisão é influenciado pela personalidade, pela motivação pessoal e pelas primeiras experiências com a prática esportiva.

- **Personalidade**

  A personalidade do indivíduo pode determinar a decisão de praticar uma determinada modalidade esportiva em detrimento de outra.

- **Motivação Pessoal**

  A motivação dos praticantes pode concentrar-se em diferentes níveis na hierarquia de necessidades, desde necessidades mais básicas, como saúde e segurança, até os níveis mais elevados, como necessidade social, autoestima, reconhecimento dos outros ou, ainda, autorrealização por meio do Esporte.

- **Imagem Percebida**

  As primeiras experiências com a prática esportiva são determinantes para a continuidade do processo.

  Pessoas com maior aptidão natural para o Esporte em geral ou para alguma modalidade específica tendem a formar uma percepção mais positiva da modalidade.

  Vale dizer que os indivíduos também sofrem a influência de alguns agentes deste processo, como veremos a seguir.

2.1.4 Agentes de Motivação de Praticantes

- **Mentores**

  Quando alguém do relacionamento próximo está empenhado em atuar como mentor, que leva o indivíduo à prática esportiva, o caminho se torna muito mais fácil. Dependendo de suas características, algumas modalidades terão uma maior aceitação por parte desses grupos, enquanto outras podem sofrer algum tipo de preconceito.

  Encontramos, no núcleo familiar, importantes influenciadores da prática esportiva. Os pais devem incentivar, custear ou, ao menos, concordar com o ingresso de seus filhos na prática esportiva, assumindo o papel de compradores, ou mesmo de decisores. Além deles, outros agentes da família, como tios e avós, também podem ter um peso importante. Mais do que isso, vizinhos, amigos, professores e até médicos são exemplos de possíveis agentes desse processo.

- **Mídia**

  A exposição que a Mídia oferece ao Esporte como um todo, assim como a determinadas modalidades, influenciará definitivamente o desenvolvimento do Esporte e de certas modalidades.

  A Mídia influencia e reforça a imagem percebida pelo praticante, bem como a dos influenciadores do processo de decisão.

  O conteúdo esportivo nos diversos meios de Comunicação, como programas e transmissões em Rádio e TV, coberturas em Jornal e internet, são fatores que influenciam a conexão com a modalidade esportiva.

  Da mesma forma, produções artísticas, como o Cinema, podem gerar propensão à prática de uma determinada modalidade esportiva. Obras como "Rocky, o Lutador" ou "Fuga para a Vitória" não podem ser desprezadas no desenvolvimento de modalidades como o Boxe e o Futebol, respectivamente.

O País do Futsal

Um Esporte coletivo, cuja versão original foi criada no Brasil, sentiu na pele o que representa o desafio da fase de internacionalização de uma modalidade, caminho inverso daquele que percorre o Rúgbi no país. Nascido em meados dos anos de 1930, o Futebol de Salão tornou-se uma das preferências esportivas dos brasileiros. Com o passar das décadas, em diferentes partes do planeta, a modalidade também foi conquistando encantamento e notoriedade. De início, esse crescimento ocorreu de forma espontânea e, consequentemente, não organizada.

Em outros continentes, foram surgindo modalidades que muito se assemelhavam ao Futebol de Salão original; porém, o desconhecimento das regras, ou mesmo a despretensão em termos comerciais, colocou barreiras diante da globalização dessa modalidade durante cerca de cinco décadas.

Apenas em meados dos anos de 1980, a FIFA, entidade máxima do Futebol (de campo), reconhecendo o grande potencial de desenvolvimento do Futsal, resolveu adotar a modalidade, iniciando o processo de unificação das regras e assumindo a organização das Copas do Mundo.

Aproveitando a oportunidade, implantou modificações a partir do modelo original brasileiro, alterando o tamanho da bola e da quadra, além de permitir um número ilimitado de substituições, tornando a modalidade mais atrativa e dinâmica, tanto para os fãs quanto para a Mídia.

O Brasil, a partir da grande base de praticantes e do domínio do nível técnico, teve papel destacado nesse processo. Com o apoio da FIFA e a unificação das regras, o Futsal nasceu grande e enfrentou um crescimento acelerado em número de praticantes. Ainda assim, a Confederação Nacional de Futsal manteve sua independência em relação ao Futebol, diferentemente do que ocorreu na maioria dos outros países.

Atletas, árbitros, técnicos e dirigentes brasileiros viajaram o mundo compartilhando conhecimento e experiências com seus pares em outros continentes, que ficaram responsáveis pela formação da base de praticantes, pela profissionalização e pela organização das competições, bem como pelo desenvolvimento das seleções nacionais.

Hoje, o Futsal é jogado em mais de 100 países, com a estimativa de 12 milhões de praticantes regulares.

2.1.5 Processo de Decisão de Compra

Conforme veremos no capítulo 8, a tomada de decisão de compra por parte do consumidor observa algumas etapas básicas. Entendendo consumo como o uso de bens e serviços, podemos concluir que a escolha dos praticantes envolve passos muito semelhantes.

O praticante pode assumir diferentes papéis no processo de decisão, além da função de usuário, é claro. De uma forma ou outra, como se trata de uma decisão inclinada para o lado emocional, tal processo abriga uma série de agentes que interferem na decisão de compra.

Reggae Boys and Girls

Talvez a melhor forma de compreender a receita de sucesso que torna a Jamaica uma grande potência do Atletismo seja conhecer o ingrediente indispensável e único que vem do Esporte disputado em nível colegial.

O ápice das competições do ensino secundário é o tradicional campeonato nacional, o Champs (ISSA Boys and Girls Athletics Championship), disputado há mais de 100 anos. Além de revelar novos e prósperos talentos, o evento desperta a atenção e a paixão de coloridos fãs, de todas as idades, que apoiam sua escola preferida.

Milhares de dedicados atletas, representando cerca de uma centena de escolas, disputam cada palmo das pistas em direção a um futuro brilhante.

Durante os quatro dias de competição, os 40 mil lugares das arquibancadas do Estádio Nacional, na capital Kingston, costumam ficar totalmente tomados por fervorosos e animados fãs, no melhor estilo jamaicano. Além deles, há muitos outros interessados, os quais acompanham a transmissão pela TV, em rede nacional.

Pelo Champs, passaram todos os grandes astros do atletismo jamaicano, como a campeã olímpica dos 100 metros rasos, Shelly-Ann Fraser, e a lenda viva Usain Bolt, que encontraram a fama poucos anos após deixarem o ensino médio.

A competição é tão importante que ainda podemos encontrar esses grandes ídolos em meio à multidão, incentivando os atletas da escola secundária que um dia representaram, o combustível perfeito para alimentar os sonhos dos estudantes.

2.2 Formação de Torcedores

Para ingressar no processo de formação de torcedores, é importante que a base de competidores esteja bem fundamentada.

O desenvolvimento de fãs representa um combustível essencial dentro do CVE, principalmente na etapa de crescimento. Caso isso não ocorra da forma esperada, será necessário um grande esforço de Marketing na conquista de resultados insatisfatórios.

É relevante perceber que algumas modalidades, seja por suas características técnicas ou geográficas, têm um maior potencial de atração de público do que outras. Da mesma forma, outras modalidades encontrarão nos praticantes a sua principal fonte de renda, reduzindo significativamente o efeito da fase em questão.

Nesta etapa, o foco é especificamente o desenvolvimento de um elo emocional entre os fãs e as entidades ou modalidades esportivas. Apenas na etapa seguinte as afinidades com os torcedores serão observadas em relação à propensão ao consumo.

O envolvimento das federações continua sendo importante, mas esse deve ser um objetivo estratégico vital das equipes esportivas, principalmente das profissionais.

Como a base de torcedores se inicia com os praticantes, pode-se dizer que todos os fatores que influenciam a formação de atletas estão ligados à formação da torcida.

Ao longo da história do Esporte, muitas modalidades e entidades esportivas contabilizaram bases gigantescas de torcedores sem necessitar de um plano de Marketing estruturado, tudo ocorrendo de forma empírica. Com o passar das décadas, a melhor percepção do valor comercial do Esporte, a concorrência entre as modalidades e o processo de globalização, que impulsionou a conquista de novos mercados, foram alguns dos fatores que determinaram a necessidade de um pensamento estratégico sobre o tema, seja para fortalecer ou para derrubar barreiras competitivas.

O histórico da formação de torcidas passa, quase necessariamente, por familiares e amigos dos atletas. Basta observarmos o comportamento dos torcedores em eventos ligados à atividade escolar ou à formação de jovens atletas: por motivos mais que óbvios, a torcida é basicamente formada por entes próximos.

No degrau seguinte, o desafio é envolver a sociedade, ou seja, atrair o bairro, a cidade, a região, o país. Para isso, é importante que a entidade esportiva desenvolva estratégias, tanto de divulgação quanto de Responsabilidade Social, criando um elo de legitimidade com a população.

Claramente, esse é um processo de longo prazo que certamente levará anos ou décadas para conquistar resultados sólidos, nunca definitivos. Fundamentalmente, as famílias, como pilares da sociedade, continuam sendo o núcleo desse processo, influenciadas, em geral, pelos educadores e pela Mídia. A percepção positiva desses atores, em relação a um determinado evento ou clube, formará um terreno propício ao crescimento da base de torcedores.

Quanto maior o mercado potencial, maior a probabilidade de sucesso nesta etapa. Contudo, enquanto a disponibilidade de recursos for escassa, deve-se desenvolver um enfoque segmentado para que a mensagem não se disperse.

A necessidade de conquista de novos seguidores deve ser constante. O mesmo pode-se dizer em relação à busca pelo maior engajamento dos fãs atuais, seja pela simples manutenção da base de torcedores ou pela pressão para o crescimento das receitas comerciais. Para que esse processo de renovação aconteça de forma satisfatória, é essencial entender como a identidade com uma determinada modalidade ou clube atinge as crianças e os adolescentes, semeando estratégias para o fomento desse ciclo.

2.2.1 Ambiente Externo

Como o aumento da base de torcedores está intimamente ligado ao desenvolvimento de praticantes, podemos concluir que todos os fatores que afetam a formação de praticantes influem indiretamente na quantidade de fãs.

Por esse motivo, estudaremos os fatores incontroláveis do ambiente externo que interferem diretamente na formação de torcedores do Esporte em geral, assim como de modalidades específicas e equipes.

- **Ambiente Sociodemográfico**

  a. **População:** o tamanho da população e a sua taxa de crescimento interferem positivamente na quantidade de potenciais torcedores;

  b. **Renda:** o poder aquisitivo da população não tem impacto direto na afinidade por uma modalidade ou entidade esportiva, porém, como o acesso à Mídia e aos eventos esportivos contribui para o desenvolvimento de fãs, não se pode negar a sua influência no tamanho da base de torcedores;

  c. **Faixa etária:** dependendo da modalidade esportiva, a pirâmide etária pode influir na formação de torcedores. Como os elos mais fortes costumam se iniciar na infância, teoricamente é mais fácil aumentar a afinidade entre populações mais jovens;

  d. **Etnia:** por meio da herança cultural, algumas etnias podem ter maior afinidade com uma determinada modalidade esportiva e estarem mais propensas a segui-la do que outras;

  e. **Cultura:** a cultura de algumas regiões privilegia mais o Esporte ou uma determinada modalidade esportiva em detrimento de outras. A quantidade da base de praticantes e, principalmente, de ídolos, é um fator que valoriza essa tendência. Algumas equipes esportivas também possuem um posicionamento de marca que combina com a cultura de determinadas regiões.

- **Ambiente Natural**

  Clima: pode-se dizer que as características climáticas interferem de uma forma direta na formação de torcedores, mesmo sem considerar a influência indireta, por meio do aumento da quantidade de praticantes. Naturalmente, em regiões mais frias, as atividades disputadas em ambientes fechados têm maior adesão, enquanto as regiões mais quentes são mais propensas a modalidades outdoor. Como a experiência ao vivo é vital para a formação de praticantes, o clima acaba interferindo no nível de afinidade da população por esses tipos de modalidade.

- **Ambiente Político-Legal**
  Políticas públicas: algumas decisões políticas, como de sediar grandes eventos esportivos internacionais ou de financiar a construção de arenas esportivas, podem impulsionar o desenvolvimento de fãs.
- **Ambiente Tecnológico**
  Informação global: o avanço tecnológico, que vem permitindo a crescente democratização da informação, interfere diretamente no acesso da população a novas modalidades, competições e equipes esportivas de outras regiões, criando um processo de globalização dos fãs. Assim como em outros setores da economia, a competição global criou a oportunidade de conquistar novos mercados, bem como a ameaça dos grandes eventos e equipes globais.

2.2.2 Etapas para a Formação de Torcedores

Assim como acontece com a formação de praticantes, o desenvolvimento de torcedores também envolve estratégias fundamentais junto aos principais agentes desse processo.

A importância estratégica da formação de torcedores é reconhecida por grandes entidades esportivas, que dedicam uma estrutura própria exclusivamente para planejar e implementar essas iniciativas.

Em alguns casos, foram criadas associações e fundações, com estatuto e conselho próprios, mantidas por essas entidades esportivas.

- **Envolvimento com a Família**
  Como veremos, a família cumpre um papel fundamental nos primórdios da formação de torcedores, assim como transmite essa herança através das gerações.

  Sendo assim, é essencial que as entidades esportivas se coloquem como facilitadores desse processo, criando ações que incentivem esse tipo de interação, em que os principais agentes são atletas, pais e avós.

  Os alvos principais costumam ser crianças e adolescentes, e, por isso, muitas ações bem-sucedidas envolvem esse público:

  a. Desenvolvimento de mascotes, com conteúdo próprio;
  b. Clínicas e acampamentos esportivos temáticos com participação de atletas e ex-atletas, supervisionados pela comissão técnica;
  c. Sessões de autógrafos exclusivas com os atletas;
  d. Venda de ingressos familiares e promoções em jogos determinados;
  e. Áreas exclusivas na arena;
  f. Brinquedos e jogos temáticos;

g. Eventos exclusivos, com a participação de pais e avós;
h. Entrada em campo com os atletas;
i. Criação de uma comunidade exclusiva para crianças, com benefícios especiais.

- **Envolvimento com a Comunidade**

Para que possa haver um crescimento exponencial da base de torcedores, é preciso extrapolar os limites da família, atingindo toda a comunidade local, promovendo permanentemente programas que suportem valores reconhecidos pela população e incentivando a Comunicação interativa.

Esse envolvimento deve ocorrer de forma organizada, por meio de um conjunto de ações que abrangem Responsabilidade Social e Ambiental, com objetivos claros e convergentes.

Seguem alguns exemplos de atividades eficazes para conquistar a comunidade:

a. Ações filantrópicas, como doações da entidade esportiva, dos atletas, da comissão técnica e dos torcedores para comunidades carentes;
b. Mutirões de saúde pública, como doação de sangue, medição da pressão arterial e exames oftalmológicos;
c. Incentivo ao engajamento dos fãs em ações de voluntariado;
d. Campanhas de conscientização social e ambiental;
e. Campanhas culturais e educacionais;
f. Aparições públicas de atletas, ex-atletas e comissão técnica;
g. Participação ativa em festas regionais e datas comemorativas;
h. Incentivo ao Esporte local;
i. Oferecimento de oportunidades de trabalho.

- **Relacionamento com os Fãs (CRM)**

Além de atrair novos fãs, o desenvolvimento de torcedores inclui manter e aumentar o nível de envolvimento dos atuais. Por isso, as entidades esportivas devem realizar ações de Marketing que atendam às expectativas dos torcedores atuais.

Conhecer o perfil dos fãs é fundamental para definir segmentos e criar ações sob medida. Algumas ações são reconhecidas para estreitar o relacionamento com os fãs:

a. Criar e manter uma base de dados, com perfil e hábitos de compra de grande parte de seus torcedores;
b. Estimular a Comunicação interativa, por meio de diversos pontos de contato com os fãs, como arena, site oficial, redes sociais e *call center*;
c. Enviar informativos periódicos com notícias e ofertas;
d. Oferecer visitas monitoradas a estádios e centros de treinamento;

e. Criar uma comunidade de torcedores, com benefícios especiais;
f. Criar um programa de afiliados;
g. Realizar eventos exclusivos com a participação de atletas, ex-atletas e comissão técnica;
h. Distribuir brindes exclusivos;
i. Enviar ofertas especiais de patrocinadores;
j. Organizar viagens de pré-temporada junto com a delegação.

2.2.3 Motivação dos Fãs

Alguns fatores interferem na escolha dos indivíduos por uma determinada modalidade ou equipe esportiva para seguir:

- **Motivação Pessoal**
  Ainda que a personalidade possa interferir na decisão dos fãs, a motivação pessoal certamente tem papel preponderante.
  Costuma concentrar-se em níveis intermediários na hierarquia de necessidades. Tais necessidades podem ser sociais, como pertencer a um grupo, ou de autoestima, como se ver parte de um grupo vitorioso.

- **Participação**
  Sem dúvida, a experiência prática é um dos fatores que mais influenciam a imagem que fazemos de uma determinada modalidade esportiva. Por esse motivo, os torcedores são, muitas vezes, praticantes ou ex-praticantes.
  A prática esportiva, além de demonstrar os valores, as regras e os conceitos do Esporte, leva os indivíduos a valorizar o desempenho dos atletas profissionais.
  Além da experiência real, a evolução tecnológica trouxe à tona uma forma de experimentação virtual das modalidades esportivas, principalmente por meio dos videogames.

- **Ligação Familiar**
  Tanto em nível amador quanto profissional, os familiares dos próprios praticantes costumam ser os seus primeiros torcedores.
  Quando as modalidades se tornam mais populares, permanece a forte influência familiar. Os pais, os irmãos, ou mesmo um parente distante, muitas vezes determinam o apego por certa modalidade esportiva e, em especial, por alguma equipe.
  Esse fator hereditário é um importante ativo para as modalidades e as equipes mais populares e, ao mesmo tempo, constitui uma barreira a ser vencida pelos novos entrantes. Sendo assim, promoções e eventos que estimulem a troca

de experiências entre avós e pais com seus filhos e netos podem gerar ótimos resultados.

Um estudo realizado na primeira divisão do Futebol Inglês – Premier League – concluiu que quase a metade dos fãs se envolveu nesse Esporte a partir da influência familiar (OLIVER AND OHLBAUM ASSOCIATES; FLETCHER RESEARCH, 1997).

- **Experiência ao Vivo**

Certamente, a experiência de acompanhar ao vivo e *in loco* um evento esportivo é outro fator fundamental de influência sobre os indivíduos. Nada se compara à atmosfera gerada pelos demais torcedores e aos apelos sensoriais ao participar enquanto fãs de um evento esportivo ao vivo, fortalecendo o sentimento de pertencer àquela comunidade.

Por esse motivo, as entidades esportivas não devem se iludir com o poder de disseminação rápida e fácil oferecida pela Mídia, pois o nível de fidelização dos torcedores torna-se muito mais profundo e consistente a partir de experiências reais.

O mesmo estudo realizado na Premier League indica que mais de um quarto dos torcedores seguem o clube com o qual tiveram a primeira experiência ao vivo (OLIVER AND OHLBAUM ASSOCIATES; FLETCHER RESEARCH, 1997).

Efeito Vira-Latas

Os resultados de um estudo realizado pela Universidade do Sul da Flórida (VANDELLO; GOLDSCHMIED; RICHARDS, 2007) ajudam a demonstrar qual a relação dos fãs com o Esporte.

Foi apresentada uma situação hipotética, em que um time favorito, com 70% de chances de vitória (time A), enfrentaria um azarão (time B). Dois a cada três dos torcedores declararam torcer para o time B, nessa situação.

Em uma segunda simulação, foi apresentado, isoladamente, o dado que o time A possuía uma folha salarial três vezes maior que a do time B, o que continuou levando a maioria dos fãs, numa proporção um pouco maior, a defender o mais fraco, no caso, o time B.

Em uma terceira situação, quando o time A foi descrito com maiores chances de vitória, porém com orçamento inferior ao do time B, a tendência se inverteu e dois terços dos fãs passaram a apoiar o time A.

A conclusão da pesquisa foi que os torcedores apoiariam o time em desvantagem econômica, competindo, teoricamente, em condições desiguais, quebrando o paradigma de que a torcida sempre penderia para a equipe com menores chances de vitória.

Vale dizer, ainda, que, ao se buscar a formação de torcedores, a distribuição gratuita de ingressos pode ser bastante eficiente. Programações especiais para as crianças também são muito bem-vindas.

- **Imagem Percebida**
  A imagem de uma modalidade ou equipe esportiva diz respeito à reputação que mantém perante a sociedade.
  Alguns fatores como Responsabilidade Social e Ambiental, incluindo o comportamento social de seus gestores, atletas e torcedores, interferem na imagem das organizações esportivas. Esse processo ocorre sob a influência de familiares, de amigos e da Mídia.
  Além disso, aspectos puramente esportivos, como o histórico de resultados e a existência de ídolos, costumam ser determinantes para a manutenção e o crescimento da base de torcedores.

- **Proximidade**
  Pode parecer muito simplista, mas a verdade é que, em se tratando do desenvolvimento de fãs para equipes esportivas, estudos demonstram que a proximidade dos indivíduos da sede do clube ou do estádio tem relação direta com a sua propensão de tornarem-se fãs.

2.2.4 Agentes de Motivação dos Fãs

Da mesma maneira que ocorre na formação de praticantes, podemos encontrar agentes fundamentais para o desenvolvimento de torcidas:

- **Núcleo Familiar**
  A tomada de decisão dos fãs tem, muitas vezes, caráter hereditário. Isso significa dizer que o envolvimento com uma determinada modalidade esportiva e, essencialmente, com uma equipe específica, costuma atravessar gerações, de pai para filho, e assim por diante.

- **Grupo Social**
  Não apenas os pais têm papel preponderante no envolvimento do indivíduo com uma equipe esportiva. Outra pessoas de sua rede de relacionamento, como amigos e outros parentes, podem ser importantes influenciadores neste processo.

- **Ídolos**
  Os ídolos do passado e do presente costumam garantir, respectivamente, a manutenção e o crescimento da base de seguidores.

Na verdade, eles são capazes de fortalecer a influência da família e de amigos, ou, ao contrário, ultrapassar essas barreiras.

Podemos concluir, portanto, que a eventual escassez de ídolos pode tornar o processo familiar mais volúvel.

2.3 Formação de Consumidores

O mesmo princípio sequencial das fases anteriores cabe em relação à formação de consumidores.

É muito comum ouvirmos dizer que o torcedor deve ser tratado como consumidor, mas, do ponto de vista estratégico, deve-se entender que são momentos e estratégias diferentes, ainda que haja uma convergência natural entre os dois grupos.

Para destinar, com sucesso, recursos a esta fase do processo, é vital que a fase anterior já tenha conquistado massa crítica. Por isso, podemos dizer que a formação de consumidores ganha maior peso e rentabilidade na etapa de maturidade das modalidades, equipes e atletas.

A seguir, observamos os principais fatores que afetam o volume de receitas de Marketing Esportivo:

- **Tamanho da Base de Torcedores**

  De alguma forma, as receitas de Marketing de uma entidade esportiva estão diretamente ligadas ao tamanho de sua base de torcedores.

  Ainda que existam outros fatores de influência, é inegável que quanto mais torcedores, maior a receita, considerando constantes as demais variáveis que veremos a seguir.

- **Grau de Envolvimento**

  O grau de identificação da comunidade com uma determinada modalidade, entidade esportiva ou evento tem efeito direto sobre as receitas de Marketing.

  Quanto mais forte for esse elo, maior será a receptividade às iniciativas de Marketing da entidade esportiva e menor a sensibilidade ao preço, aumentando, consequentemente, a propensão ao consumo e a rentabilidade.

- **Perfil Demográfico**

  Como em outros setores da economia, algumas características sociodemográficas dos torcedores impulsionam o consumo em nível mais ou menos intenso.

  a. **Renda:** a renda familiar dos indivíduos é, sem dúvida, um desses principais fatores. Ainda que o grau de envolvimento emocional com o Esporte não enxergue essa diferenciação, a disponibilidade financeira, notadamente, afetará o potencial de compra de produtos e serviços esportivos;

b. **Distribuição geográfica:** o modo como está distribuída geograficamente a base de torcedores é mais uma importante influência. Quanto mais próximos estiverem os torcedores, maior será a sua propensão ao consumo. A facilidade e o menor custo para comparecer aos eventos esportivos e adquirir produtos inevitavelmente incrementam o consumo. Por outro lado, quanto mais dispersa a base de torcedores, ainda que existam os mesmo desejos de consumo, mais baixas serão as receitas.

Outras características como sexo, faixa etária e aptidão ao consumo também poderão, certamente, contribuir positiva ou negativamente para os resultados.

2.3.1 Esforços de Marketing

Ainda que os fatores analisados até aqui sejam amplamente favoráveis, eles resultarão tão somente no aumento da demanda, o que não garante um nível de consumo elevado.

Como em qualquer negócio, a capacidade de entregar ao torcedor um mix de Marketing (Produto, Preço, Praça e Promoção) que atenda às suas necessidades e desejos será o fator determinante ao transformar a demanda em consumo efetivo.

Nos capítulos seguintes, quando observarmos, em detalhes, as principais fontes de receita do Esporte, ficarão evidenciadas as estratégias vencedoras nesse sentido.

2.3.2 Motivação dos Consumidores

Alguns fatores levam os indivíduos a consumirem Esporte, seja em forma de informação, de produtos ou de serviços:

- **Elevação da Autoestima**
  Torcer por equipes e atletas vencedores faz com que o indivíduo sinta-se parte de suas conquistas, fazendo-o ter a sensação, naquele momento, de ser um vencedor na vida, o que eleva sua autoestima.

- **Dissociação do Dia a Dia**
  Os torcedores também buscam um respiro das responsabilidades do dia a dia por meio do Esporte, seguindo as competições como o enredo de uma novela da vida real.

- **Entretenimento**
  Muitos fãs seguem eventos esportivos para desfrutar de momentos de prazer e júbilo, desligando-se das atividades cotidianas.
- **Interesse Econômico**
  Para um determinado grupo de espectadores, seguir uma modalidade esportiva faz parte de interesses econômicos pessoais ou corporativos, como no caso de profissionais do Esporte, imprensa, colecionadores, investidores e apostadores.
- **Valor Estético**
  Outros fãs, principalmente em modalidades mais plásticas, se interessam pelo puro valor estético dos eventos esportivos.
- **Inclusão Social**
  Um dos principais fatores de interesse dos torcedores é utilizar o Esporte para se associarem a um determinado grupo social.
- **União Familiar**
  Outro fator determinante para atrair os torcedores é o aspecto familiar. Muitas vezes, assistir a um evento esportivo, seja pela Mídia ou na arena, pode ser uma das poucas – até mesmo a única – oportunidades de familiares compartilharem momentos de diversão e êxtase.

O estudo da gestão dos ativos de Marketing Esportivo, com a intenção de converter torcedores em consumidores, continua nos próximos quatro capítulos.

Futebol Made in Canada

Uma pesquisa encomendada pela Maple Leaf Sports & Entertainment, empresa que administra franquias da NBA e da NHL, revelou uma alta demanda por um time de futebol profissional no Canadá, mais precisamente na cidade de Toronto (CANADIAN MARKETING ASSOCIATION, 2008).

O cenário fértil incluía a grande diversidade cultural e o sucesso progressivo dos programas de Futebol entre os jovens da região, principalmente a segunda geração das famílias de imigrantes europeus e sul-americanos.

Assim nasceu, em 2006, o Toronto FC, primeira franquia internacional da MLS (Major League Soccer) e sensação no recém-lançado campeonato nacional canadense, um digno exemplo de Marketing Esportivo no século XXI.

Para desenvolver, a partir do zero, sua base de fãs, o clube utilizou-se do crescente acesso à Comunicação digital de seu público-alvo e de um inovador plano estratégico, promovendo um diálogo aberto com os fãs, por ora virtuais (literalmente), em idiomas variados.

Com isso, foram identificados os fãs de Futebol mais fanáticos, influenciadores que multiplicariam a mensagem no melhor estilo boca a boca, sobretudo on-line.

Meses antes do primeiro jogo, algumas centenas de fãs se reuniram com o técnico Mo Johnston e o seu principal jogador, em eventos promovidos pelo clube nos bares da cidade, para estabelecer uma conexão direta com aqueles que tinham o costume de acompanhar Futebol internacional pela TV. O resultado superou as melhores expectativas e as principais incertezas.

Antes mesmo de o clube jogar sua primeira partida, já existiam comunidades de fãs do Toronto em redes sociais, como Facebook e Flickr.

O sucesso comercial também não demorou. Em 2007, sua temporada de estreia na MLS, seu novo estádio, o BMO Field – primeira arena construída exclusivamente para Futebol no país – teve 15 jogos com lotação máxima e índice de renovação de 95% dos carnês de ingressos para a temporada seguinte.

Um ano depois, mesmo sem resultados animadores dentro de campo, todos os 16 mil carnês, representando 80% da capacidade total, foram vendidos rapidamente.

O clube apostou na segmentação, incentivando a criação de quatro torcidas organizadas, com setores predeterminados no estádio, respeitando as diferenças de estilo e as expectativas dos diferentes grupos que formam o mosaico cultural da região.

Capítulo 3

Patrocínio

Tradicionalmente, os patrocínios figuram como uma das principais fontes de receita de uma entidade esportiva, compondo boa parte de suas receitas comerciais.

Desde eventos esportivos escolares, passando por atletas profissionais e amadores, chegando a megaeventos esportivos, todos estão à procura constante de apoiadores, na figura de patrocinadores.

Um equívoco bastante comum na busca de um patrocinador é sustentar a proposta com base nas necessidades imediatas do atleta, do evento ou da entidade esportiva. Com isso, a tendência de supervalorizar questões técnicas pouco relevantes e precificar com base em custo. Tal estratégia não cabe mais na Era do Marketing.

3.1 Benefícios ao Patrocinador

Como não poderia ser diferente, assim como em outros setores, o Marketing no Esporte trata de atender aos desejos e às necessidades do cliente.

Por ora, os clientes são organizações com o potencial e o interesse em apoiar o Esporte. Da mesma maneira, podemos afirmar que uma proposta de patrocínio não deve focar as características técnicas do produto, mas os benefícios para o patrocinador.

Obviamente, essa argumentação, bastante simples, torna-se relativamente complexa ao ser colocada em prática. Sem dúvida, cada organização tem necessidades e expectativas diferenciadas em relação a um objeto de patrocínio.

Existem muitas razões pelas quais instituições públicas e privadas decidem aplicar parte de sua verba de Comunicação em propriedades esportivas. Conhecer quais são esses interesses generalizados ajuda muito ao identificar os interesses individuais dessas organizações. Claro que muitos desses interesses transcendem a esfera de negócios, mas vamos nos ater às estratégias legítimas de Marketing Esportivo.

3.1.1 Uso do Produto / Permutas

Ainda que pareça antiquado e amador demais, a verdade é que as permutas, ou seja, o pagamento por meio de produtos ou serviços, são instituições do patrocínio esportivo, seja para pequenas ou grandes iniciativas.

É óbvio que, de preferência, esses produtos e serviços devem ser realmente essenciais ao patrocinado, reduzindo custos e valendo tanto quanto dinheiro vivo.

Dessa prática bastante comum, nasceu uma das principais tendências atuais em patrocínio: investimentos de empresas cujos produtos e serviços sejam utilizados, direta ou indiretamente, naquela modalidade esportiva. Mais do que a exposição de marca e a aquisição de outros direitos comerciais, o patrocinador tem a oportunidade de demonstrar o seu produto em ação, estreitando a relação entre a marca comercial e a marca esportiva.

3.2 Propriedades de Patrocínio

Antes de tudo, o gestor esportivo deve observar, imparcialmente, a vocação da propriedade esportiva que representa, buscando corporações com interesses convergentes. Contudo, o entendimento dessas necessidades ou objetivos pode – e deve – afetar a composição das cotas de patrocínio e as propriedades oferecidas.

Portanto, não estamos falando apenas de uma oferta de patrocínio consciente, mas do desenvolvimento de um produto o mais próximo possível daquilo que o mercado procura.

Nesse contexto, é preciso entender, de modo objetivo, quais são as principais propriedades (ou produtos) de patrocínio esportivo e como elas se encaixam no cumprimento desses objetivos.

As propriedades são os atributos do produto, ou seja, buscam diferenciá-lo diante da concorrência e aumentar a oferta de valor na percepção dos clientes.

Elas variam de acordo com o objeto do patrocínio (atleta, entidade ou evento) e as características da modalidade. Também não se impõem limites à criatividade na criação de propriedades, digamos, alternativas.

É preciso salientar que essas propriedades são oportunidades de exposição não apenas para os logotipos de patrocinadores, mas também de equipes e eventos. Por isso, sua utilização deve ser repartida conforme os objetivos de Marketing das entidades esportivas.

Algumas propriedades básicas de patrocínio esportivo costumam ser amplamente disponibilizadas. São elas:

3.2.1 Naming Rights

Trata-se do "direito de nominação", ou seja, de dar nome de marcas corporativas, ou associar seu nome, neste caso, para eventos, etapas de eventos ou equipes esportivas.

Atende à necessidade de exposição da marca e às consequentes associações na mente do consumidor.

Enquadra-se, aqui, também, a nominação de espaços físicos, como arenas esportivas, conforme veremos no capítulo 6.

Jogando pelo Meio Ambiente

Combater o aquecimento global por meio do Esporte. Esse foi o compromisso conjunto assumido por Corinthians e Palmeiras, dois dos maiores clubes do Futebol brasileiro, e pelo Banco Cruzeiro do Sul.

A emissão de gases do efeito estufa decorrente dos eventos dos quais os clubes participaram foi compensada com o plantio de árvores, com o intuito de sequestrar o gás carbônico da atmosfera.

O patrocinador se comprometeu a plantar 100 árvores para cada jogo e mais 100 a cada gol marcado. Também foram plantadas outras 100 mudas a cada partida sem tomar gols e 200 para cada pênalti defendido.

Mais do que isso, o nível de emissão de CO2 causado pelo transporte das delegações e o consumo de energia nos estádios em cada evento foram calculados e devidamente compensados. Apenas no primeiro ano, foram plantadas quase 50 mil árvores.

"Estamos implantando o projeto Jogando pelo Meio Ambiente para que haja uma sensibilização de todos para a questão ambiental" – disse Luis Octavio Índio da Costa, diretor superintendente do banco (JOGANDO PELO MEIO AMBIENTE, 2011).

Para a ativação da campanha, foram criados spots comerciais para Rádio e um hotsite, promovido durante as partidas, que reúne informações sobre Educação Ambiental.

Figura 3.1 Jogando pelo Meio Ambiente

Fonte: Sport Club Corinthians Paulista (2011).

3.2.2 Publicidade em Uniformes e Equipamentos

O direito de o patrocinador expor a sua marca no uniforme de atletas individuais e de equipes de competição, ou ainda em equipamentos esportivos, como barcos, pranchas de Surfe e carros de Corrida, é uma das propriedades mais valorizadas e utilizadas no patrocínio esportivo.

O patrocínio de uniformes é utilizado com tanta frequência, que merece tanto apoio quanto ressalvas.

Algumas equipes de reconhecido sucesso esportivo e comercial, como fazia o FC Barcelona, as grandes ligas esportivas norte-americanas, ou mesmo modalidades inteiras, como o Tênis e o Golfe, preferem não comercializar essa propriedade com o intuito de preservar suas próprias imagens, abrindo exceção apenas para as marcas de material esportivo.

Estratégias à parte, o certo é que a utilização descontrolada desse espaço provoca um ruído na mensagem que chega aos fãs, reduzindo o retorno e a consequente fidelização dos patrocinadores, o que gera danos à entidade esportiva em médio e longo prazos.

3.2.3 Merchandising

O merchandising, ou seja, a exposição de marcas no perímetro de competição, como quadras, campos e pistas, é a propriedade mais disseminada em eventos esportivos de todos os portes, pelo baixo custo de implementação e pela exposição garantida diante de espectadores (ou praticantes) de um determinado evento, seguidores de um determinado atleta ou equipe, com potencial para a geração de Mídia espontânea.

- **Nível I**

  No primeiro perímetro reservado para merchandising, enquadram-se os tradicionais painéis perimetrais (placas estáticas), mas pode estender-se para muitas propriedades alternativas, como a aparelhagem de competição, por exemplo.

- **Nível II**

  No nível II, outros espaços podem ser disponibilizados para patrocinadores e anunciantes, já inclusos no contrato de patrocínio, como locais de circulação de público, sala de entrevistas e vestiários.

  Existe uma gama enorme de formatos de entrega de Publicidade neste nível, como cenários de entrevistas (*backdrops*), painéis, bandeiras, gigantes, infláveis, faixas e banners.

- **Nível III**

  O nível III refere-se à área pública em torno da arena, onde serão resguardados os direitos de exclusividade dos patrocinadores, principalmente em grandes eventos, como acontece com a Copa do Mundo FIFA.

Neste perímetro, os patrocinadores podem fazer uso de peças tradicionais, como outdoor e mobiliário urbano, porém os espaços devem ser contratados junto a quem for de direito.

- **Nível IV**

  O nível IV determina uma área na qual os patrocinadores podem continuar utilizando esta ferramenta, associando a ação ao evento, contudo sem qualquer tipo de preferência ou exclusividade.

Figura 3.2 Perímetro de patrocínio

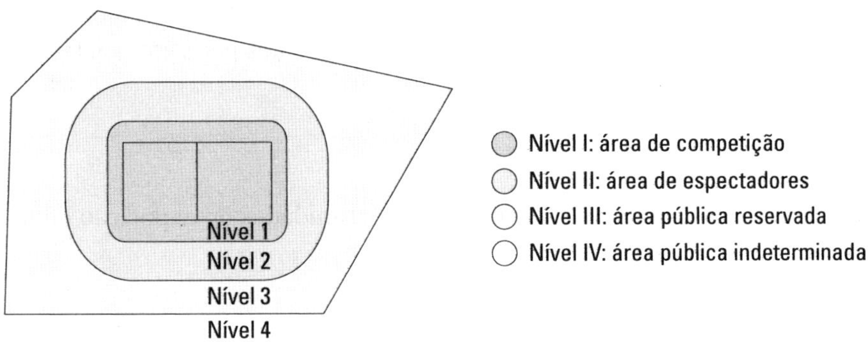

Invasão Multimídia

A Publicidade Multimídia ocupa, naturalmente, o perímetro destinado à Publicidade em geral. Porém, reserva algumas características que exigem um estudo à parte.

Trata-se do direito de transmitir mensagens comerciais para o público presente em arenas e eventos esportivos, por meio de sistema de som e de inserções comerciais nos telões e painéis eletrônicos, que vem sendo favorecido com o desenvolvimento desse tipo de tecnologia.

Outra possibilidade é a troca de mensagens interativas via Bluetooth para dispositivos móveis, como smartphones e tablets, por meio de transmissores instalados no local do evento.

O conceito de Publicidade Multimídia no Esporte ganha ainda mais peso e abrangência com o desenvolvimento de cenários (backdrops) e, principalmente, de painéis perimetrais de LED.

Os painéis perimetrais (em torno do campo de jogo) são tradicionalmente estáticos. Entretanto, essa tradicional propriedade passa por uma revolução tecnológica, entrando no campo da Multimídia.

A evolução para os painéis publicitários de LED (sigla para "diodo emissor de luz", em Inglês) está recriando o Esporte como Mídia. A primeira mudança está no formato de exibição (e consequente comercialização) dos anúncios. O que sempre foi calculado por espaço, agora é dimensionado por tempo e frequência das inserções. O conteúdo das mensagens também obtém um ganho expressivo, já que a nova tecnologia permite criar anúncios completos (e não apenas o merchandising da marca).

Porém, o principal ganho está em conquistar a atenção dos fãs. Como os anúncios são apresentados um por vez, isso reduz sensivelmente o ruído na Comunicação com os fãs, acostumados a assimilar várias marcas ao mesmo tempo. Além disso, a luminosidade desses dispositivos e a mensagem em movimento atraem a atenção dos fãs. Estudos preliminares observam que o recall dos anunciantes por parte dos fãs mais do que dobrou com os painéis de LED.

O Quadro 3.1 procura listar as principais oportunidades de exposição de marca em eventos esportivos.

Quadro 3.1 – Principais oportunidades de exposição de marcas em eventos esportivos

Categoria	Propriedades	Esportes Coletivos	Esportes de Aventura	Lutas	Esportes a Motor	Esportes Aquáticos	Esportes Equestres	Modalidades
Uniformes dos atletas	Camisetas de treino, de passeio e de competição	•	•	•	•		•	(Todas as modalidades)
	Calças e bermudas	•	•		•	•		Futebol, Basquete
	Sungas e biquínis	•	•	•		•		Natação, Vôlei de Praia, MMA
	Macacões		•		•			Automobilismo, Snowboard
Equipamentos de proteção	Capacetes, joelheiras e cotoveleiras	•	•		•	•		Motociclismo, Skate
	Toucas, bonés e chapéus	•	•		•			Natação, Beisebol, Esqui Alpino
	Celas e mantas						•	Hipismo, Polo
Uniformes da arbitragem	(Vários)	•	•	•				(Todas as modalidades)
Uniformes da equipe técnica	(Vários)	•		•	•			Automobilismo

continua

continuação

Uniformes da organização	(Vários)	•	•	•	•	•	•	(Todas as modalidades)
Equipamentos de competição	Veículos motorizados ou não		•		•			Automobilismo, Bobsleigh, Ciclismo
	Barcos, botes e caiaques		•					Vela, Rafting, Canoagem, Remo
	Tacos e bastões	•						Hóquei, Beisebol
	Pranchas		•					Surf, Windsurf, Skate
	Velas e paraquedas		•					Iatismo, Paraquedismo
Estruturas físicas	Tendas de cronometragem		•		•			Automobilismo, Trekking
	Tendas de hidratação		•				—	Golfe, Corrida de Rua
	Pódio de premiação	•	•		•	•	•	(Todas as modalidades)
	Boxes				•			Automobilismo
	Bancos de reserva	•						Esportes Coletivos
Veículos de apoio	Veículos de resgate terreste e marítimo		•		•			Corrida de Aventura, Automobilismo
	Carros de segurança				•			Automobilismo
	Macas móveis	•						Futebol, Rúgbi
	Veículos de transporte de equipamentos				•			Automobilismo
	Veículos de transporte de atletas	•						(Todas as modalidades)
Área de competição	Redes e obstáculos	•					—	Tênis, Vôlei, Hipismo
	Placar eletrônico ou manual	•	•		•	•	•	(Todas as modalidades)
	Relógio / cronômetro	•	•		•	•	•	(Todas as modalidades)
	Traves	•						Futebol, Futebol Americano
	Piso de competição	•		•	•	•	•	Boxe, MMA, Ginástica Rítmica
Acessórios	Bolsas e mochilas	•	•	•	•	•	•	(Todas as modalidades)
	Garrafas de hidratação	•	•	•	•	•	•	(Todas as modalidades)

3.2.4 Direitos Promocionais

Os direitos promocionais ocupam, via de regra, os níveis II, III e IV do perímetro de patrocínio dos eventos esportivos. Esses direitos costumam ser entendidos como:

- O direito a realizar ações promocionais dentro de um evento esportivo (nível II), normalmente por meio de promotores e de instalação de estandes, para panfletagem, distribuição de brindes, distribuição de amostras grátis (*sampling*), exposição e demonstração de produtos e serviços;
- O direito de realizar ações temáticas, associadas à marca do patrocinado, em outros locais de interesse do patrocinador (níveis III e IV), como ruas, praias, feiras ou pontos de venda;
- O direito de contar com a aparição de atletas e a exposição de equipamento de competição em reuniões, eventos e feiras de interesse do patrocinador (níveis II, III e IV).

3.2.5 Ingressos

Trata-se do direito de receber uma cota predeterminada, ou mesmo subsídios e preferência na aquisição de ingressos, para que os mesmos sejam distribuídos entre clientes corporativos, consumidores finais e colaboradores do patrocinador.

3.2.6 Hospitalidade

Refere-se à locação de camarotes e espaços exclusivos para os patrocinadores e seus convidados.

Pode tanto ser comercializada individualmente, como compor cotas de patrocínio. Geralmente, inclui serviços agregados, como receptivo, segurança, buffet, transporte e hospedagens.

Falaremos um pouco mais sobre hospitalidade corporativa no Capítulo 6.

3.2.7 Cotas de Transmissão

Em alguns casos, os realizadores de eventos esportivos dispõem de cotas comerciais dentro das transmissões de TV (ou internet ou Móvel).

O objetivo é justamente agregar às cotas de patrocínio e evitar conflito entre os patrocinadores do evento e os anunciantes da transmissão, aumentando consideravelmente o valor da oferta, já que resguarda os patrocinadores de ações de Marketing de Emboscada vindas da concorrência.

3.2.8 Direitos de Comercialização

Referem-se aos direitos de vender produtos e serviços diversos no ambiente do evento esportivo.

As cotas mais atrativas compreendem o direito à venda de alimentos, bebidas e suvenires, que pode ser concedido com ou sem exclusividade.

Além disso, vários outros serviços e produtos podem ser oferecidos, desde livros e revistas até passagens aéreas.

3.2.9 Utilização da Base de Dados

No caso de eventos, equipes ou atletas com muitos seguidores ou um público absolutamente seleto, a utilização (ou aquisição) da base de dados, seja de fãs, de demais patrocinadores ou da Mídia, pode ter grande valor para o patrocinador, principalmente em ações de Marketing Direto.

Os dados podem ter sido captados previamente, em campanhas de CRM ou atendendo ao interesse de uma campanha promocional em particular, sendo levantados no próprio evento ou por meio de canais de Comunicação interativa, como o website e as redes sociais.

3.2.10 Conteúdo Exclusivo

Constitui propriedade de patrocínio o direito de uso de fotos, áudio e vídeo de equipes e eventos esportivos.

Esse material pode ser utilizado em peças publicitárias, exibido em redes sociais, ou mesmo ser aplicado em produtos e embalagens.

3.2.11 Associação de Marca

Ainda que seja, provavelmente, a menos tangível de todas as propriedades de patrocínio, o direito de associação de uma marca comercial a um atleta, equipe ou evento esportivo é, em última instância, o principal ativo de patrocínio, sobretudo no posicionamento de marcas, como "o combustível oficial da Stock Car" ou "a cerveja oficial da Copa América".

Visto de forma isolada, esse direito não se utiliza de propriedades físicas, por isso é possível entregá-lo para um grande número de patrocinadores, dos segmentos mais diversos, sem exaurir a capacidade de entrega, que se dá por meio dos canais de Comunicação das próprias marcas ou dos espaços adquiridos por cada um dos patrocinadores.

Na Nascar, por exemplo, existem mais de 40 associações de marca, desde "o combustível oficial", chegando até "o biscoito oficial".

3.3 Cotas de Patrocínio

3.3.1 Por que estabelecer Cotas de Patrocínio?

Existem duas razões básicas pelas quais é importante repartir um patrocínio em cotas. Fomos buscá-las estudando os conceitos básicos de Marketing, mais precisamente a Segmentação.

Uma vez que diferentes organizações têm objetivos de Marketing diferenciados, ou seja, valorizam uma ou outra propriedade de forma diversa, é natural a criação de pacotes que atendam a diferentes alvos.

Outra razão é econômica. Dada a importância da disponibilidade de recursos do patrocinador na tomada de decisão de patrocínio, nada mais lógico do que repartir o investimento.

Não deixa de ser, também, uma forma de segmentação, já que instituições mais abastadas terão a possibilidade de investir mais, enquanto organizações de menor porte investem nas cotas menores.

Obviamente, nem sempre será possível comercializar todas as cotas. Por outro lado, um patrocinador pode assumir todo o investimento.

3.3.2 Divisão de Cotas de Patrocínio

Não existe uma regra objetiva para a divisão de cotas de patrocínio. O certo é que todas as propriedades que o evento disponibiliza devem ser aproveitadas, sendo repartidas proporcionalmente ao investimento em cada uma delas.

A distribuição das cotas de patrocínio deve obedecer ao desenho de uma pirâmide invertida, onde as cotas mais altas englobam as propriedades mais valiosas e um grande número de propriedades, enquanto as cotas menores envolvem propriedades menos valiosas ou um menor número de propriedades, e assim sucessivamente.

Ainda que não exista uma regra, a divisão das cotas de patrocínio costuma seguir um determinado padrão, com a possibilidade de infinitas subdivisões:

a. **Nominação:** direito exclusivo da marca de dar nome ao evento, parte do evento ou equipe. Costuma incluir o direito a todas as propriedades mais valorizadas, com absoluto destaque;
b. **Cota master:** cota que reúne o direito às principais propriedades de patrocínio, com destaque em relação aos demais parceiros. Pode ser exclusiva, como no caso de equipes esportivas, ou dividida entre um número restrito de patrocinadores, como geralmente ocorre nos grandes eventos;

c. **Cota de apoio:** restrita a determinadas propriedades do evento, com destaque proporcionalmente menor em relação à cota master;
d. **Fornecedor oficial:** cota reservada para os principais provedores de insumos e serviços para o evento, equipes ou atletas. Em muitos casos, a contrapartida é realizada por meio do próprio fornecimento de seus produtos e serviços.

As melhores cotas devem estar distribuídas entre um número menor de parceiros, enquanto as cotas mais básicas podem contemplar um número maior de marcas.

Na Figura 3.3, a seguir, as letras representam diferentes níveis de cotas, enquanto os números identificam diferentes cotas disponíveis em cada um dos níveis.

Figura 3.3 Divisão de cotas de patrocínio

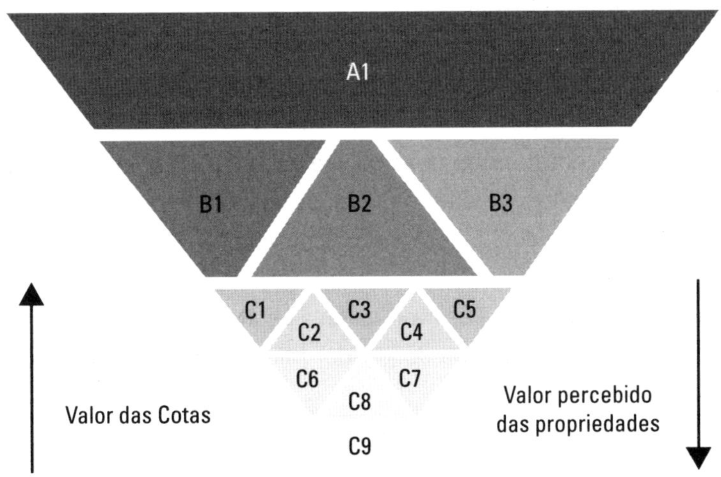

A Grande Jogada

Os filmes, inegavelmente, estimulam hábitos, revelam tendências, expõem nossos sonhos e limitações. Ao longo das últimas décadas, o Cinema vem demonstrando seu encantamento pelo Esporte.

O Cinema multiplicou os valores de diversas modalidades esportivas, inspirando gerações, embora nem sempre transmitindo mensagens positivas. A ligação entre Esporte e Cinema é tão íntima que mal se pode diferenciar causa e consequência.

Na década de 1970, o ator e instrutor de artes marciais Bruce Lee conquistou a fama com uma série de filmes que apresentaram o Kung Fu para o mundo ocidental, tornando-se uma referência da cultura pop.

Criado nos anos de 1930 para os quadrinhos, "Conan, o Bárbaro" – que nada tem a ver com Esporte – tornou-se um épico dos cinemas nos anos de 1980, revelando o físico avantajado de Arnold Schwarzenegger, um ícone do Fisiculturismo de todos os tempos. Conan ajudou a impulsionar o culto ao corpo nas academias, coincidindo com o pico de popularidade dessa modalidade.

Inspirado no ilustre desconhecido lutador Chuck Wepner, o ator e roteirista Silvester Stallone, como Rocky Balboa, levou a emoção do Boxe a milhões de espectadores, mostrando as mais variadas faces de um ídolo. Aclamado pela Academia, coincidiu com uma era de grandes ídolos, como Sugar Ray Leonard e Mike Tyson.

Já o ex-lutador Jean-Claude Van Damme viveu o kickboxer Frank Dux, inspirado no lutador homônimo, em "O Último Dragão Branco", difundindo o conceito que hoje conhecemos como MMA (Mixed Martial Arts).

Até mesmo Pelé juntou-se a Bob Moore, Osvaldo Ardiles e estrelas hollywoodianas para o filme "Fuga para a Vitória" (1981), coincidindo com o período de desenvolvimento do Futebol nos Estados Unidos.

Mas a cooperação entre essas duas paixões parece estar longe de terminar. Em 2010, o filme "Invictus", que retrata as implicações políticas e sociais da Copa do Mundo de Rúgbi de 1995, na África do Sul, recebeu duas indicações para o Oscar, com os atores Matt Damon e Morgan Freeman.

No mesmo ano, "Um Sonho Possível" valeu a estatueta de melhor atriz para Sandra Bullock, interpretando a mãe adotiva do jogador Michael Oher, grande revelação do Futebol Americano universitário.

3.4 Precificação do Patrocínio

Para compreender o critério de precificação do patrocínio é importante entender – ou relembrar – esse conceito dentro do mix de Marketing. No estudo dessa disciplina, o preço está diretamente ligado ao valor do produto, e não aos custos.

Sem dúvida, a questão levanta polêmica entre profissionais de Marketing e administradores de empresas. Para os primeiros, o preço do produto deve ser aquele que o cliente está disposto a pagar, de acordo com o valor, ou seja, os benefícios esperados por um determinado produto. Para os administradores, o preço é composto de forma absolutamente racional, calculando-se os custos de produção e agregando-se uma margem de lucro desejada, sob o risco de inflacionar os preços em virtude de altos custos. Quando isso ocorre, é necessário rever os custos.

De qualquer forma, a rentabilidade é igualmente valorizada em ambas as escolas. Mesmo no caso de entidades sem fins econômicos, algo bastante comum na Indústria do Esporte, a rentabilidade continua sendo bem-vinda.

Outra questão importante é que nem sempre se pode contar com a comercialização de todas as cotas de patrocínio, pois deve existir uma margem de segurança. É necessário, também, garantir a margem para a remuneração dos intermediários (10 a 20%), assim como para a negociação com os clientes.

O detalhamento desse assunto serve para alertar os gestores esportivos sobre uma armadilha em que comumente se colocam.

3.4.1 Critérios de Precificação

Aspectos mercadológicos, ainda que mais difíceis, são os critérios mais eficientes de precificação do patrocínio:

- **O Valor para o Cliente**
  Como observamos, o valor para o cliente, ainda que difícil de mensurar objetivamente, é o grande argumento para uma proposta de patrocínio. Por isso, vale um esforço extraordinário para entender o retorno efetivo que o patrocinador pode conseguir.
- **O Mercado**
  Seguindo a simples lei de oferta e demanda, o fator mercado tem influência direta sobre o valor dos patrocínios. Isso significa que existe um grande impacto macroeconômico, além da própria dinâmica da Indústria Esportiva.
- **A Concorrência**
  Como em qualquer outro setor, estabelecer o preço do patrocínio requer um olhar para fora. Muito provavelmente, objetos de patrocínio semelhantes, seja em termos de conceito ou de formato, estão prospectando os mesmos patrocinadores. Sendo assim, é necessário conhecer e moldar o preço final de acordo com a concorrência.

3.5 Modelo de Distribuição de Patrocínios

Como em qualquer negócio, outro ponto fundamental do mix de Marketing é determinar os canais pelos quais o produto será oferecido aos potenciais clientes.

Sem dúvida, essa negociação deve ocorrer por meio da venda pessoal, utilizando ferramentas de Marketing Direto para gerar os contatos. Cada um dos possíveis modelos de distribuição pode ser adequado a diferentes situações.

3.5.1 Distribuição Própria

Seria o modelo ideal em termos de rentabilidade. A principal desvantagem é que a comercialização de patrocínio geralmente requer uma grande quantidade de contatos, necessitando de uma grande estrutura de vendas.

3.5.2 Distribuição Intensiva

No outro extremo, a distribuição pulverizada, por meio de agentes especializados, pode multiplicar a cobertura de todo o mercado corporativo, sob o risco de se perder o controle sobre o processo e alimentar a superposição de contatos. Além disso, será difícil saber até que ponto os agentes estão realmente empenhados.

3.5.3 Distribuição Seletiva

A seleção de um determinado número de intermediários costuma ser o caminho mais equilibrado e viável para atingir todo o mercado, garantindo qualidade e controle sobre o processo. Da mesma forma, passa a ser justificado um acompanhamento do desempenho e do interesse desses distribuidores.

3.6 Comportamento de Compra dos Patrocinadores

Ainda que, como sabemos, a escolha por um patrocínio esportivo esteja relacionada a objetivos específicos de Marketing ou de Comunicação, os fatores que motivam a decisão de compra de um determinado patrocínio transcendem esse caminho. Conhecer essas questões pode ser vital na concretização da parceria.

3.6.1 Diferenciação Competitiva

O mais recomendado é que uma marca patrocine eventos, ou ainda modalidades, diferentes daqueles utilizados por seus concorrentes.

Essa motivação é justificada pelos conceitos de Marketing, no que se refere a estabelecer diferenciais perante a concorrência.

3.6.2 Me Too

Os conceitos de Marketing condenam, de modo geral, que uma marca espelhe o posicionamento de seus concorrentes, perdendo a oportunidade de estabelecer um diferencial competitivo e, dessa forma, desperdice recursos. É o que chamamos de *me too* ("eu também", em Inglês).

Mesmo assim, a escolha da modalidade a ser patrocinada muitas vezes visa, justamente, a seguir os passos dos principais concorrentes, minando suas estratégias e evitando que resultados positivos possam gerar uma grande vantagem competitiva. Em outros casos, é uma simples comodidade para os executivos.

3.6.3 Relacionamento Pessoal

Ainda que não seja a forma mais usual, muitas empresas tomam a decisão de patrocínio com base em interesses pessoais, o que pode ser uma alternativa legítima.

É perfeitamente aceitável estabelecer relacionamentos pessoais que atendam aos interesses da empresa patrocinadora, o que é muito diferente de desvios de conduta que beneficiam os próprios compradores. Pode acontecer a situação de um alto executivo de algum de seus principais clientes estar envolvido com um determinado evento ou modalidade esportiva, seja como fã ou praticante, justificando uma aproximação por meio da aquisição de propriedades de patrocínio.

3.6.4 Prospecção de Clientes

Em outros casos, a principal motivação de compra é a aproximação de potenciais clientes que adquirem cotas de hospitalidade de um mesmo evento.

A proximidade física desses prospects pode ser um importante fator de decisão.

3.7 Categorias de Patrocinadores

Para atribuir a divisão de cotas e prospectar os respectivos patrocinadores, é necessário entender como esse mercado costuma se comportar quanto às categorias de produtos e serviços cujas marcas estão mais envolvidas com o Esporte.

Naturalmente, os maiores setores da economia B2C (empresa para consumidor) estão relacionados, o que pode variar de um mercado para outro, dependendo da relevância de cada um deles na economia de uma determinada região.

Mas isso não significa que as mais diversas indústrias não possam reconhecer grandes oportunidades de patrocínio. Conhecer as indústrias que mais investem no Esporte – identificadas em pesquisas da IFM Sports Marketing Research – e o que valorizam é essencial para otimizar o valor das cotas de patrocínio.

3.7.1 Principais Categorias

- **Material Esportivo**

Por motivos óbvios, as marcas de material esportivo estão presentes nos principais acordos de patrocínio do Esporte.

Como sabemos, aqueles Esportes cujo número de praticantes é maior possuem também um maior apelo para promover roupas e equipamentos esportivos.

É bastante comum e aceitável que parte do investimento seja em artigos para vestir os atletas envolvidos, gerando experimentação dos produtos e até mesmo impulsionando a aplicação de novas tecnologias.

Muitas vezes, principalmente no caso de equipes esportivas mais populares, esses acordos incorporam o licenciamento, concedendo ao patrocinador o direito de revender no mercado os produtos associados à marca esportiva.

- **Automóveis**

A indústria automobilística é outro importante patrocinador esportivo, para as mais diversas modalidades.

Como esse mercado é bastante segmentado em termos de preços e benefícios, os fabricantes procuram adequar cada modelo de veículo a uma determinada modalidade esportiva.

Grande parte da representatividade das montadoras no patrocínio do Esporte encontra-se, obviamente, nos Esportes a motor, onde estão os formadores de opinião e os melhores consumidores dessa categoria, podendo envolver o fornecimento dos veículos e a troca de tecnologia.

Em outra tendência cada vez mais presente, as montadoras cedem veículos para o uso pessoal dos atletas ou para o transporte das delegações e das equipes de eventos, o que gera um valor adicional e um maior retorno potencial do patrocínio. A oportunidade de gerar exposição e experimentação dos veículos costuma estar entre as principais demandas desses patrocinadores.

- **Telecomunicações**

Pela alta taxa de crescimento e relevância que as telecomunicações ocupam na vida moderna, esses patrocinadores, como empresas de telefonia e provedores de internet, encontraram no Esporte uma importante plataforma de Comunicação.

Como as telecomunicações são uma peça-chave para a conexão com os fãs e a ativação de patrocínios, é compreensível que haja, em ambos os lados, um grande interesse nesse tipo de acordo.

Nessa indústria, o conteúdo esportivo exclusivo representa um grande diferencial competitivo, o que ganha cada vez mais peso com a convergência dos meios de Comunicação. Esse conteúdo pode, inclusive, gerar receita, garantindo boa parte do retorno sobre o investimento.

Tais acordos podem incluir algum tipo serviço especial para aprimorar a experiência dos fãs, ou mesmo permutas em serviços e infraestrutura, tanto para arenas quanto para centros de imprensa de grandes eventos.

- **Financeiro**

  O setor financeiro, principalmente os segmentos bancário e de cartões de crédito, alimentam uma parte importante dos acordos de patrocínio esportivo.

  Parte disso ocorre em função da relevância desse setor na economia, assim como no reconhecimento do Esporte como ferramenta para conquistar novos clientes para bancos de varejo. Por isso, uma sólida base de dados dos fãs e praticantes pode ser determinante na negociação de patrocínio.

  É comum que esse contrato envolva o licenciamento da marca para aplicar em seus produtos e serviços, sobretudo em cartões de crédito. Em alguns casos, tais contratos podem abranger algum tipo de financiamento das próprias entidades envolvidas, principalmente das arenas.

  Também é esperado que os bancos tenham interesse em gerenciar as fortunas de atletas e de donos de equipes, além de assumir a folha de pagamento de entidades esportivas.

- **Transporte Aéreo**

  Outra importante indústria de serviços que ocupa um papel de destaque no patrocínio esportivo é o transporte aéreo.

  Como esse negócio é, inicialmente, bastante regionalizado, assim como as equipes esportivas, costuma ser uma estratégia para conquistar a confiança e a lealdade dos passageiros em novos mercados em que a companhia aérea passe a atuar.

  Como os custos de deslocamento de atletas, equipamentos e estruturas podem responder por uma parcela significativa dos investimentos em eventos esportivos, esses acordos costumam incluir boa parte dos investimentos em troca do próprio serviço.

  Outra possibilidade bem-vista por esses clientes é o transporte de fãs de outras localidades, no caso de eventos de maior repercussão.

- **Bebidas**

  Ainda que as marcas de alimentos em geral possam ter um grande potencial enquanto patrocinadores, é certo que as bebidas, incluindo águas, refrigerantes, sucos, isotônicos, energéticos, licores e cervejas, ocupam um papel de destaque no patrocínio esportivo.

Como o Esporte, via de regra, representa um desgaste físico e uma constante necessidade de hidratação dos atletas, estes se transformam em importantes formadores de opinião, além de bons consumidores.

No caso das bebidas alcoólicas, limitando-se à legislação de cada região e aos regulamentos internos das próprias entidades esportivas, o objetivo consiste em atribuir uma imagem mais saudável ao produto. No caso mais específico das cervejas, estudos demonstram um importante aumento do consumo em dias de grandes eventos esportivos, o que justifica o retorno em vendas.

Pelo tempo de duração dos eventos, os espectadores precisam, necessariamente, de hidratação, e, por isso, em sua maioria, os acordos envolvendo bebidas garantem ao patrocinador o direito de comercializar seus produtos nas arenas esportivas, gerando experimentação e criando um pequeno monopólio, o que resulta em grande rentabilidade e retorno do investimento em vendas.

3.7.2 Exclusividade de Categoria

Entre os benefícios mais valorizados, os patrocinadores esperam ter exclusividade em sua categoria – ou subcategoria – de produtos e serviços no patrocínio de uma determinada propriedade esportiva.

Isso é totalmente compreensível, uma vez que os patrocinadores buscam, antes de tudo, diferenciação competitiva. Contudo, não é fácil estender esse conceito de exclusividade, evitando conflitos entre os patrocinadores de equipes ou atletas com os patrocinadores de evento.

O mesmo acontece quando consideramos os anunciantes das transmissões na TV ou os contratos de licenciamento. Por isso, os acordos de patrocínio, muitas vezes, já englobam esses direitos.

O certo é que, quanto mais abrangente for essa exclusividade, maior será o valor atribuído à propriedade por parte do patrocinador. Para garantir que a exclusividade contratual se torne efetiva, estratégias de controle devem ser planejadas e implementadas, como veremos adiante.

3.8 Estratégias de Controle de Patrocínios

Uma preocupação constante e bastante pertinente por parte dos patrocinadores é medir, com a maior precisão possível, o retorno do investimento. Muitas vezes, os tomadores de decisão nas empresas deixam de renovar os acordos de patrocínio simplesmente porque não foram capazes de aferir o retorno.

Alguns acordos preveem que esse levantamento de informações seja realizado pela entidade esportiva, enquanto, em outros casos, fica a critério das táticas e dos recursos do patrocinador.

De uma forma ou de outra, o patrocinado deve alertar o investidor sobre essa necessidade, demonstrando interesse nos negócios do patrocinador e confiança no valor da sua propriedade. Conheceremos alguns métodos de controle no capítulo 7.

3.8.1 Autoavaliação

Mensurar a satisfação do cliente, a partir de suas expectativas, baseadas em objetivos e metas, deve ser, igualmente, uma preocupação dos gestores de entidades esportivas, no esforço de manter e fidelizar esses clientes.

Do mesmo modo, é preciso estabelecer objetivos e metas de desempenho para o evento, como exposição de Mídia e cobertura geográfica esperada, quantidade e perfil de praticantes, assim como o próprio grau de satisfação dos patrocinadores.

O processo de autoavaliação traz os seguintes benefícios para a entidade esportiva:

a. Reavaliar o valor da propriedade;
b. Aprimorar constantemente o produto;
c. Subsidiar informações para futuras negociações, inclusive com outras empresas.

Além da pesquisa de Marketing, algumas atividades simples são muito eficientes para a autoavaliação do patrocínio e a montagem de um dossiê para os patrocinadores atuais e os prospects:

a. **Registro videofotográfico:** captação de imagens dos mais variados momentos e atividades relacionadas ao evento;
b. **Clipagem:** monitoramento da Mídia e reprodução do maior número de matérias jornalísticas a respeito do evento, nos mais variados meios de Comunicação, veículos e mercados;
c. **Arquivamento:** manutenção do registro ou de amostras de todas as evidências possíveis que comprovem a entrega do produto combinado, como brindes, programas do evento e arte final das peças de Comunicação.

3.8.2 Ativação de Patrocínio

É muito comum que ações de patrocínio dependam de atividades paralelas de Comunicação para reforçar a propagação da mensagem a um maior número de pessoas, o que chamamos de ativação. Essa é, na teoria, uma responsabilidade do patrocinador.

Entretanto, é obrigação do detentor da propriedade esportiva alertar os patrocinadores sobre a necessidade de desenvolver ações de ativação e, se necessário, sugerir atividades que tenham sido bem-sucedidas em períodos anteriores. Assim, aumentam vertiginosamente as possibilidades de retorno do patrocínio e, com isso, a probabilidade de manter o cliente para o próximo evento ou temporada.

De acordo com os conceitos básicos de Marketing, manter clientes é ainda mais importante do que conquistá-los pela primeira vez. Além disso, a ativação dos patrocínios é peça-chave na promoção e na experiência dos eventos esportivos juntos aos fãs.

Por tudo isso, essa questão também deve ser observada como parte das estratégias de patrocínio das entidades esportivas. Tanto que algumas delas revertem parte do valor recebido para ações de ativação do próprio patrocinador.

Esse conceito, essencial para patrocinados e patrocinadores, será mais bem desenvolvido no capítulo 7.

3.8.3 Prevenção de Marketing de Emboscada

Faz parte da responsabilidade das entidades esportivas garantir a proteção do investimento de seus patrocinadores.

Chamamos de Marketing de Emboscada as tentativas espontâneas ou planejadas da concorrência, legítimas ou ilegais, de minar a resistência dos patrocinadores, algo marcante na história recente de grandes eventos esportivos.

O cenário é bastante complexo e dinâmico, porém, cabe às entidades esportivas tomar algumas providências básicas:

a. Garantir-se legalmente do uso exclusivo das propriedades intelectuais referentes ao evento;
b. Assegurar que marcas alheias não chegarão ao evento, tanto nas arenas esportivas quanto em um raio de segurança ao redor delas;
c. Exigir, junto às autoridades competentes, a punição dos responsáveis por infringir o contrato.

Novas definições para Marketing de Emboscada

Um artigo publicado no *The Wall Street Journal* organizou e atualizou as práticas mais utilizadas para o Marketing de Emboscada (CHADWICK; BURTON, 2010).

A seguir, trazemos uma tradução livre e resumida das práticas elencadas no referido artigo.

EMBOSCADAS DIRETAS

a. **Emboscada Predatória:** atacar intencionalmente a ação de patrocínio da concorrência e confundir os fãs, por meio de ações promocionais alternativas nos locais de competição;
b. **Emboscada Sequencial:** tentativa de associar a marca ao evento por meio de artifícios legítimos, como patrocínio de atletas ou compra de espaço publicitário na transmissão oficial;
c. **Emboscada Pirata:** usar, intencionalmente, propriedade intelectual de terceiros, como logotipos e mascotes, sem a devida autorização;
d. **Autoemboscada:** quando o patrocinador oficial utiliza-se de recursos além daqueles previstos em contrato, como a distribuição de brindes e promoções, sem a devida autorização do detentor da propriedade.

EMBOSCADAS INDIRETAS

a. **Emboscada Associativa:** utilizar-se de artifícios para associar indiretamente a marca ao evento, fazendo uso de símbolos do país onde será realizado ou das modalidades envolvidas;
b. **Emboscada por Distração:** tirar a atenção dos fãs para os reais patrocinadores, por meio de ações de Comunicação, com Publicidade e Promoção em áreas próximas ao local de realização do evento;
c. **Emboscada de Valores:** usar os principais valores inerentes ao evento como temática de campanhas de Comunicação durante o período de divulgação e realização do mesmo;
d. **Emboscada Rebelde:** desenvolver ações promocionais de surpresa em ruas próximas ao perímetro do evento;
e. **Emboscada Paralela:** criar ou patrocinar eventos paralelos que, de alguma forma, competem pela atenção dos fãs com o evento original.

EMBOSCADAS INCIDENTAIS:

a. **Emboscada Não Intencional:** quando marcas que patrocinam atletas ou equipes são citadas na Mídia dentro do contexto de eventos patrocinados pelos concorrentes, confundindo os fãs;
b. **Emboscada por Saturação:** simplesmente aproveitar a escalada de ações de Marketing durante o evento, evitando a associação direta com valores ou propriedades relacionados ao mesmo.

Capítulo 4

Licenciamento & Varejo

O licenciamento de marcas e a comercialização de produtos estão entre as principais fontes de receita do Marketing Esportivo. Além do aspecto econômico, Licenciamento & Varejo (L&M, do Inglês Licensing & Merchandising) configuram uma importante ferramenta estratégica, em termos de promoção da marca e de fidelização de seguidores.

Para ser ter uma ideia dessas proporções, as marcas esportivas representam aproximadamente 15% da indústria do licenciamento em todo o mundo, a qual movimenta mais de 100 bilhões de dólares ao ano.

Partindo da premissa de que as entidades esportivas ficam com apenas 5% da receita obtida com a venda de produtos oficiais, o que representa 14% das receitas comerciais dessas organizações, chegamos à conclusão de que o valor em vendas para o consumidor final supera Patrocínio, Direitos de Mídia e Exploração de Arenas e Eventos Esportivos.

4.1 O que é Licenciamento?

Para uma compreensão melhor do assunto, é conveniente separar algumas linhas para uma breve explicação do conceito de licenciamento de marcas, assim como de algumas premissas de mercado.

O licenciamento ocorre quando o detentor (licenciador) de uma propriedade (marca ou nome) permite que outra parte (licenciado) a utilize sob certas condições (acordo de licenciamento), obtendo algum retorno financeiro (*royalty*).

Em linhas gerais, é adequado para detentores de marcas que veem oportunidades para a venda de produtos e serviços que não fazem parte de suas atividades-fim. Dessa forma, procuram parceiros comerciais com capacidade de produção e distribuição desses produtos. Esse é exatamente o caso de atletas, clubes e entidades esportivas, o que torna o licenciamento uma alternativa tão decisiva.

A principal vantagem para seus parceiros comerciais está em adquirir os direitos sobre uma marca consolidada e com seguidores prontos para o consumo, como no caso de marcas esportivas.

4.1.1 Licenciamento ou Varejo?

Como se pode notar, o processo de licenciamento é uma ferramenta de negócios que se encaixa perfeitamente às marcas esportivas.

Contudo, nem todas as marcas esportivas têm potencial real na captação de licenciados, simplesmente pelo fato de não poderem ser consideradas marcas fortes. Mas isso não significa que não exista potencial de consumo de produtos dessas marcas menos privilegiadas, muito menos que os recursos gerados não possam ser relevantes, guardadas as proporções de faturamento.

Sendo assim, a comercialização de produtos pode ser realizada diretamente ao consumidor, seja por meio de pontos de venda físicos (fixos e itinerantes) ou do comércio eletrônico. Nessa hipótese, caberá à entidade esportiva um investimento na terceirização da produção.

Na verdade, mesmo as marcas mais fortes trabalham estratégias conjuntas de licenciamento e varejo para atender à demanda por produtos e aumentar a rentabilidade total da operação. Por isso, guardamos a segunda parte deste capítulo para detalhar as estratégias de varejo.

4.1.2 Licenciamento ou Franquia?

Ainda que não devam ser enquadradas no licenciamento, para efeitos acadêmicos, podemos incluir as franquias (ou *franchising*) neste grupo de receitas de Marketing de atletas, equipes e eventos esportivos.

O que diferencia os termos "Licenciamento" e "Franchising" é que o primeiro trata unicamente da cessão de uso da marca, enquanto o segundo inclui a transferência de *know-how* para a operação de um determinado negócio. De qualquer forma, pode-se dizer que o processo de *franchising* prevê, também, o licenciamento da marca.

Em outras palavras, podemos entender essas franquias como sendo uma fonte de receita alternativa para serviços, enquanto o licenciamento se encaixa melhor para produtos.

Sob essa perspectiva, grandes empresas esportivas têm cedido suas marcas para iniciativas como escolas de Esportes, agências de viagem, bares temáticos e lojas de produtos oficiais, em troca de um retorno financeiro sobre o faturamento.

4.1.3 Licenciamento ou *Endorsement*?

Como iremos observar mais adiante, o Esporte pode infiltrar-se em outras categorias de licenciamento, como o caso de celebridades. Em se tratando de atletas (ou mesmo treinadores), além do licenciamento, existe outra ferramenta muito semelhante, chamada *endorsement*.

Tal atividade consiste em fazer uso da imagem ou do testemunho de uma personalidade, no caso esportiva, para endossar um produto ou uma companhia. A diferença em relação ao licenciamento é que o nome do atleta não se transforma na marca do produto. Da mesma forma, a propriedade intelectual utilizada não é uma marca registrada, mas o próprio direito de imagem, inerente a qualquer cidadão.

- **Vantagens do *Endorsement* para os Atletas**
  Os acordos de *endorsement*, se escolhidos de maneira criteriosa, trazem importantes benefícios às celebridades do Esporte, tais como:
  a. Complemento da renda;
  b. Transmissão recíproca de valores, quando se trata de uma marca reconhecida ou de um produto de alta qualidade percebida;
  c. Exposição na Mídia, favorecendo a conexão com os fãs.

- **Vantagens do *Endorsement* para as Empresas**
  Para as empresas que apostam no *endorsement*, existem importantes vantagens competitivas:
  a. **Atenção e recall:** o uso de celebridades na Publicidade atrai a atenção dos fãs além de uma situação normal; da mesma forma, aumenta o grau de lembrança das campanhas;
  b. **Credibilidade:** a aprovação de uma marca ou produto por uma celebridade transmite confiança aos fãs, enquanto consumidores, que reconhecem as celebridades com usuários da marca e esperam benefícios mútuos;
  c. **Personificação:** o endorsement transfere a personalidade do atleta, associando valores humanos à marca, e favorece a conexão emocional com os fãs;

d. **Mídia espontânea:** celebridades esportivas constituem conteúdo que pode trazer audiência; por isso, aumentam as possibilidades de exposição espontânea, como no caso do lançamento de novos produtos.

Contudo, para que se possa usufruir plenamente desses benefícios, há alguns pré-requisitos importantes:

a. Sinergia entre os valores do atleta e aqueles pretendidos pela marca;
b. Compatibilidade entre o público-alvo da marca e os fãs;
c. Reputação e popularidade do atleta, assim como eventual risco de rejeição;
d. Credibilidade do atleta a partir de ações anteriores de endorsement;
e. Legitimidade do atleta enquanto usuário do produto.

4.2 Objetivos de Marketing

Uma estratégia de Licenciamento & Varejo, principalmente no Esporte, pode atender a diferentes objetivos de Marketing, como veremos a seguir.

4.2.1 Fonte Adicional de Receita

As receitas de L&M de produtos costumam representar uma fonte substancial de financiamento de atletas, equipes, ligas e eventos esportivos.

No caso de entidades esportivas como a NBA e o Real Madrid, por exemplo, os royalties representam 3% e 8% da receita de Marketing, respectivamente.

4.2.2 Promoção da Marca

As estratégias de L&M podem ter o objetivo de promover as marcas esportivas no mercado, principalmente no caso de eventos esportivos. Geralmente, esses produtos originais são disponibilizados aos fãs meses ou mesmo anos antes do início do evento, utilizando-se os pontos de venda como multiplicadores dessa mensagem.

Vale notar que, mesmo depois de comercializados, esses produtos continuam prestando um importante serviço, já que representam parte do legado físico e emocional para os fãs e para a sociedade.

4.2.3 Fidelização dos Fãs

Outro argumento bastante forte em favor do L&M é o processo de fidelização dos fãs. Em uma sociedade na qual o consumo tem papel tão relevante na questão do "ser" e do "pertencer", marcas esportivas que representem uma determinada "tribo" e reforcem a identidade do indivíduo impulsionam uma grande demanda por produtos licenciados.

O consumo reage como catalisador do elo emocional entre os fãs e a marca esportiva. Do mesmo modo que Giglio (2005) afirma "Dize-me com quem andas e te direi o que consomes", podemos sustentar que a recíproca é verdadeira.

Parte I – Licenciamento Esportivo

4.3 Características do Licenciamento Esportivo

O licenciamento esportivo apresenta ao menos três importantes peculiaridades em relação às demais categorias de licenças, que afetam diretamente o uso dessa ferramenta:

1. MultiMARCAS;
2. MultiCATEGORIAS;
3. MultiPROPRIEDADES.

4.3.1 Licenciamento Multimarcas

Uma característica marcante do licenciamento esportivo é o uso de múltiplas marcas, seja por meio de uma linha de produtos que utilize um mosaico de marcas de times ou pelo licenciamento cruzado de diferentes marcas esportivas para a produção de um mesmo item.

- **Mosaico de Marcas**

  No caso do licenciamento de marcas de equipes esportivas, torna-se necessário fazer uso de diversas marcas para cobrir todo o mercado, já que os fãs costumam afiliar-se a marcas regionais, não sobrepostas, criando um mosaico de encaixe perfeito.

  Em outras palavras, não se pode atingir os fãs do Chicago Bulls com produtos do Los Angeles Lakers, e é necessário contar com todas as equipes da NBA para conquistar o território norte-americano.

  Essa estratégia também atende à pluralidade necessária nos pontos de venda, além de reduzir sensivelmente os custos de Produção, Comunicação e Distribuição, por parte do licenciado.

Como vimos no capítulo 1, a coopetição é o modelo que melhor se encaixa para a gestão dos ativos de Marketing das organizações esportivas, o que ganha ainda mais força tratando-se de licenciamento de atletas e, sobretudo, de equipes. Praticamente não existe competição direta, já que cada time possui um mercado cativo de fãs, o qual dificilmente será invadido por outras marcas da mesma modalidade, atuantes na mesma região.

Para atingir todo o mercado, os licenciados preferem contratos coletivos a individuais. Da mesma forma, os distribuidores querem contar com todas as marcas mais relevantes para os seus consumidores. Podemos concluir que as estratégias de licenciamento de uma equipe afetam diretamente o negócio das outras. Por isso, alguns mercados decidiram centralizar a negociação.

De qualquer modo, a verdade é que algumas marcas são bem-sucedidas fazendo uso de negociações individuais e investimento forte nos canais de venda direta, como acontece no Futebol europeu.

- **Licenciamento Cruzado (Cross Licensing)**
  Diferentemente do que ocorre na maioria das categorias de licenciamento, no Esporte é comum que a comercialização de um produto reúna diversas propriedades, existindo uma hierarquia natural entre ligas, equipes e atletas.

  Para produzir, por exemplo, um álbum de figurinhas da Nascar, é preciso um acordo que envolva pilotos, equipes e a própria entidade. Já para criar um jogo de videogame da Bundesliga, pode ser necessário combinar os direitos de uso marca da própria liga, dos clubes e, finalmente, dos atletas.

  Naturalmente, no cross licensing cada marca tende a receber um percentual menor de royalties para não elevar excessivamente o custo dos produtos.

4.3.2 Licenciamento Multicategorias

O licenciamento esportivo, além de ser conceituado como uma categoria específica de licenciamento, invade outras esferas, como celebridades e marcas corporativas.

- **Marcas Esportivas**
  São as marcas esportivas propriamente ditas, como propriedade das equipes, ligas e eventos esportivos.

  a. **Equipes:** O licenciamento de marcas de equipes esportivas é um negócio grandioso. O grau de lealdade dos fãs de equipes esportivas certamente supera o das marcas corporativas mais fortes do mundo.
  Como possuem um forte elo emocional principalmente com os fãs locais, essas marcas costumam estar segmentadas geograficamente. Ainda assim, o

processo de globalização econômica, trabalhista e cultural, ao invadir a esfera esportiva, quebrou barreiras, criando marcas com lealdade global.

Em alguns casos, os direitos de uso da marca para licenciamento das equipes pertencem às ligas e aos eventos esportivos em que estão inseridos, que podem negociá-los coletivamente, como acontece nos Estados Unidos.

Pelo legado que carregam por gerações, com um ciclo de vida bem mais extenso que o dos atletas, muitas equipes esportivas podem ser chamadas de propriedades "clássicas", oferecendo negócios relativamente mais seguros e estáveis ao longo do tempo, ainda que estejam vinculados, em parte, a resultados.

Exemplos de sucesso: *Real Madrid e Manchester United, além das equipes das grandes ligas norte-americanas.*

b. **Ligas:** Além de controlar os direitos de licenciamento das equipes e dos atletas, as ligas esportivas têm, em suas próprias marcas, uma importante fonte de receita. Em alguns casos, inclusive, o valor da marca da liga pode ser equivalente à força das marcas dessas equipes.

   Oferece para os licenciados a vantagem de o retorno não variar em função dos resultados esportivos, como acontece com equipes e atletas.

   Pelo ciclo de vida mais extenso, com ganhos mais moderados, também se encaixa entre as propriedades clássicas.

   Exemplos de sucesso: *Nascar e NBA.*

c. **Eventos:** As marcas de eventos esportivos possuem um grande impacto junto aos fãs. As vendas de produtos costumam ser concentradas em um período mais curto, que se inicia meses antes da disputa e encerra-se simultaneamente ao evento.

   Eventos mais longos, que se repetem todos os anos, como a Premier League ou a Copa Libertadores da América, podem ser considerados propriedades clássicas, de desempenho moderado e estável. Já os eventos pontuais, como Copa do Mundo e Olimpíadas, pelo ciclo de vida bastante acelerado, podem ser considerados propriedades "quentes", trazendo grandes lucros em um curto espaço de tempo.

   Mesmo não contando com a mesma ligação emocional das equipes esportivas, os megaeventos esportivos diferenciam-se por impactar um público vasto, que transcende o universo esportivo. Isso ocorre pelo fato de promoverem, em geral, importantes valores sociais, além de reafirmarem a cultura local.

   Exemplos de sucesso: *Copa do Mundo FIFA Alemanha 2006 e Jogos Olímpicos Sidney 2000.*

- **Celebridades**

  Uma tendência mundial é o licenciamento de marcas de celebridades. O Esporte, sem dúvida, constrói boa parte dos ícones da sociedade contemporânea, transformando-os em atrativas propriedades para o licenciamento.

  Como engrenagens fundamentais na Indústria do Esporte, atletas de destaque, transformados em celebridades, são a matéria-prima de importantes acordos de licenciamento, com grande apelo comercial perante as indústrias de material esportivo e de cuidados pessoais.

  O direito ao próprio nome e imagem, chamado "direito de personalidade", pertence ao indivíduo e não lhe pode ser retirado. Porém, em muitos casos, os atletas fazem uma cessão de uso desses direitos, inclusive para efeitos de licenciamento, para as equipes, as ligas ou os eventos a que estão vinculados. Em outras situações, os direitos dos atletas são controlados pelas entidades de classe de atletas profissionais a que estão associados, como acontece na NBA, por exemplo. Nesses dois casos, podem estar previstas negociações individuais ou apenas coletivas, nas quais é obrigatório o uso da imagem de uma quantidade mínima de atletas para configurar um grupo, preservando os direitos individuais para o licenciamento.

  O licenciamento de atletas está vinculado, obviamente, a um ciclo de vida relativamente curto, ainda que alguns ídolos permaneçam atrativos por muito tempo, mesmo depois de mortos. Por depender do desempenho esportivo individual e do comportamento social do atleta, pode ser considerado de maior risco, o que também sugere maiores ganhos.

  Exemplos de sucesso: *David Beckham e Muhammad Ali.*

- **Marcas Corporativas**

  Outra modalidade de licenciamento que tem no Esporte um importante elemento são as marcas corporativas.

  Além de importantes licenciados de atletas, equipes e ligas, os detentores de marcas esportivas fazem uso desta ferramenta enquanto licenciadores, procurando atingir novas categorias de produtos e, principalmente, novos mercados, por meio de fabricantes locais.

  Exemplos de sucesso: *Umbro, Lotto e Adidas.*

- **Personagens**

  Ainda que o licenciamento de personagens infantis seja uma categoria própria, o Esporte pode se tornar parte integrante desta modalidade.

  Personagens inspirados em equipes, eventos esportivos e, principalmente, atletas em atividade ou aposentados, podem tornar-se propriedades de licenciamento, sobretudo para o público infantil.

  Exemplos de sucesso: *Pelézinho (Mauricio de Souza) e Barça Toons.*

4.3.3 Licenciamento Multipropriedades

Mais do que em qualquer outra categoria, os acordos de licenciamento esportivo podem ser divididos em uma série de propriedades específicas, trazendo diferentes oportunidades de negócios:

a. **Logotipos:** emblemas e outros sinais gráficos que identificam equipes, eventos ou marcas esportivas;
b. **Mascotes:** personagens associados a equipes e eventos esportivos;
c. **Hinos:** temas musicais de entidades e eventos esportivos;
d. **Assinaturas:** autógrafos de atletas e treinadores;
e. **Design:** formas de troféus, arenas esportivas ou estampas dos uniformes de equipes, por exemplo.

4.4 Categorias de Produtos Licenciados

Não seria um exagero dizer que marcas esportivas podem se enquadrar a todo tipo de produto. Porém, algumas categorias de bens de consumo não duráveis destacam-se amplamente no uso dessa ferramenta. São elas:

1. **Confecção:** categoria dominada pela comercialização de réplicas dos uniformes de jogo e de treinamento, camisetas e bonés, tanto para crianças quanto para adultos de ambos os sexos;
2. **Suvenires:** chaveiros e pins destacam-se nesta categoria, assim como bandeiras, flâmulas, posters e cartões postais, que também podem ser aqui enquadrados, além de miniaturas, muito valorizadas no Automobilismo;
3. **Utensílios domésticos:** canecas de todos os tipos, copos e pratos são os produtos mais procurados, mesmo que utilizados decorativamente;
4. **Papelaria:** artigos de papelaria e escritório, como cadernos, agendas, lápis e canetas;
5. **Cama, mesa e banho:** toalhas e roupas de cama, por serem objetos de uso pessoal, são produtos licenciados consagrados;
6. **Publicações:** tanto publicações impressas, como livros, revistas e álbuns de figurinhas, quanto CDs e DVDs, podem ser catalogados nesta categoria;
7. **Acessórios:** artigos de moda, tais como relógios, óculos de sol e cachecóis, são produtos muito tradicionais, assim como mochilas e bolsas de viagem;
8. **Cuidados pessoais:** cosméticos e produtos de higiene pessoal, como perfumes e xampus, também marcam presença;

9. **Videogames e Mobile:** consagrados entre crianças, adolescentes e até adultos, os jogos eletrônicos ganham destaque, sejam de computador, console ou dispositivos móveis, além de aplicativos para smartphones;
10. **Jogos e Brinquedos:** jogos de estratégia, jogos de salão, miniaturas e brinquedos de todas as formas podem encontrar oportunidades no licenciamento de marcas ligadas ao Esporte;
11. **Alimentos e Bebidas (A&B):** ainda que não seja tão comum, o licenciamento de A&B não pode ser desprezado, principalmente com a associação de marcas e de celebridades esportivas aos produtos.

4.5 Precificação dos Direitos de Licenciamento

Vamos tratar, em primeiro lugar, do valor da taxa de royalties aplicado às empresas licenciadas.

Embora seja comum arbitrar indistintamente um padrão de 10% sobre o valor de venda no atacado (sem impostos), o ideal é que algumas variáveis sejam consideradas, estudando-se caso a caso, para determinar as taxas de royalties.

4.5.1 A Categoria de Produtos

Para cada categoria de produtos – ou mesmo para cada produto – existe uma rentabilidade média diferente. Da mesma forma, a marca esportiva costuma agregar mais ou menos valor, dependendo da categoria de produtos.

Não se pode negar, por exemplo, que o valor que a marca agrega a um chaveiro, em termos percentuais, seja superior ao valor percebido que agrega a um automóvel. Pode-se dizer que os royalties vão de menos de 1 a 14%, atingindo algo entre 8 e 10%, na média ponderada.

Vale dizer que o custo de customização, como interfere na rentabilidade, também pode influenciar os royalties cobrados.

4.5.2 O Valor Agregado

O valor das marcas esportivas interfere, obviamente, no valor dos royalties, já que afeta o valor agregado dos produtos.

Em geral, estima-se um valor agregado de 20 a 30%, na média. Contudo, podemos dizer que, em uma mesma categoria de produtos, pode ocorrer uma variação da taxa de royalties entre uma marca e outra, embora essa diferença não seja diretamente proporcional à força de cada marca.

Pode-se ainda adotar uma estratégia de preços mais agressiva, reduzindo as margens e aumentando o volume, o que justificaria a cobrança de um percentual menor.

4.5.3 A Categoria de Licenciamento

Os royalties também podem variar em função da categoria de licenciamento envolvida. O caso mais marcante é o das celebridades, com royalties que costumam ser ao menos 20% maiores.

Nos casos de cross licensing, quando o produto exige mais de uma licença, a taxa total de royalties pode atingir até 20%, dividida entre ligas, equipes e atletas, por exemplo.

4.6 Distribuição dos Direitos de Licenciamento

4.6.1 Cadeia de Distribuição

A cadeia de distribuição do licenciamento tem algumas semelhanças e diferenças, principalmente de nomenclatura, quando comparada ao modelo tradicional.

- **Detentor da Marca**
  Aquele que detém, em última instância, o registro e os direitos legais sobre a marca, no caso, a própria entidade esportiva.

- **Licenciador**
  Empresa que detém os direitos de licenciamento da marca. Pode ser o próprio detentor da marca ou alguma organização que tenha adquirido esses direitos.

- **Agente de Licenciamento**
  Pessoa física ou jurídica autorizada a comercializar os direitos da marca em um determinado mercado, sendo remunerada por um percentual dos royalties recebidos, algo entre 25 a 40%.

- **Licenciado**
  Aquele que adquire os direitos da marca para aplicação em seus produtos e serviços. Costuma ser um fabricante ou distribuidor.

4.6.2 Modelos de Distribuição dos Direitos

Assim como outros ativos de Marketing, a divulgação e a comercialização do programa de licenciamento esportivo apresentam algumas alternativas:

- **Estrutura Própria**

  Embora pareça ser o formato mais simplificado, é muito difícil de implementar, pois exige, teoricamente, uma grande estrutura comercial.

  É o modelo mais adequado para entidades esportivas de grande porte.

- **Estrutura Compartilhada**

  Os potenciais clientes de licenciamento de diferentes entidades esportivas são basicamente os mesmos, e existe preferência pela negociação coletiva, ou seja, este modelo viabiliza os custos de captação e atende às necessidades do mercado.

  Como sabemos, é o modelo utilizado pelas ligas esportivas, que criam estruturas próprias, com mão de obra qualificada, atendendo à demanda das equipes associadas.

- **Estrutura Terceirizada**

  Trata-se do modelo mais comum de distribuição, viável para a grande parte dos casos, pois utiliza intermediários especializados (agentes), diminuindo drasticamente os custos administrativos.

  Pode-se oferecer exclusividade para um agente ou credenciar diferentes agentes.

  Este é modelo preferido para atingir mercados internacionais.

4.7 Comunicação

A Comunicação diante dos fãs tem papel fundamental no licenciamento esportivo, principalmente no combate à pirataria. As estratégias devem manter o foco em conscientização e informação.

a. **Conscientização:** os fãs devem ser levados a reconhecer a importância de adquirir produtos originais;
b. **Informação:** por meio dos canais de Comunicação da entidade esportiva, os fãs devem ser orientados a saber como identificar produtos oficiais, onde encontrá-los e como denunciar eventuais suspeitas de fraude.

4.8 Programa de Licenciamento

Mesmo quando se trata de marcas fortes, com um grande número de seguidores, o sucesso do programa de licenciamento depende muito mais da forma como ele é planejado e implementado. A seguir, algumas recomendações fundamentais.

4.8.1 Proteção da Marca

Em primeiro lugar, é essencial que a marca esteja devidamente registrada e protegida nos mercados em que deseja atuar, resguardando seus próprios direitos, bem como de seus licenciados.

Por outro lado, deve-se agir com certa cautela, a fim de não desperdiçar recursos para registros em categorias de produtos ou mercados pouco representativos.

4.8.2 Identidade Visual

O licenciador deve contar com manuais detalhados, não apenas de aplicação da marca, mas também de estilo, para estampas e embalagens, o que é fundamental para integrar todos os produtos, principalmente na mente do consumidor.

A qualidade gráfica e a originalidade desses materiais agregam valor aos produtos e à marca.

Podem ser criados manuais diferentes para cada propriedade, resultando em múltiplos acordos de licenciamento.

4.8.3 Proatividade

As entidades esportivas devem definir um mix de produtos ideal e acionar, de forma organizada, os potenciais licenciados em cada categoria de produtos. Caso contrário, serão avaliadas apenas as propostas vindas do mercado, o que acontece de forma desordenada, nem sempre contemplando os melhores clientes e as principais categorias de produtos, no momento desejado.

4.8.4 Qualidade

Não apenas a qualidade percebida dos produtos, como também o desempenho e a durabilidade, são fundamentais para manter e até melhorar a imagem da marca, refletindo sobre as vendas de outros produtos e serviços oferecidos pela mesma entidade esportiva. Por isso, as marcas devem manter um processo rigoroso de seleção de licenciados.

4.8.5 Controle

O licenciamento exige algumas estratégias de controle, ainda que o foco seja realmente proteger os interesses do licenciador (entidade esportiva).

4.9 Acordo de Licenciamento

Além de peculiaridades jurídicas, o acordo de licenciamento deve procurar, antes de tudo, refletir detalhes comerciais combinados entre as partes, garantindo a implementação e o controle das atividades:

a. **Produto:** as especificidades do(s) produto(s) envolvido(s) no acordo, como público-alvo, formato, tamanho, material e método de aplicação da marca, devem estar detalhadas no acordo de licenciamento, permitindo múltiplos contratos não conflitantes;
b. **Cobertura:** o acordo também deve prever os territórios, assim como os canais de distribuição onde o licenciado pode atuar, como, por exemplo, lojas especializadas, lojas de departamento, supermercados ou vendas diretas. No caso do Esporte, pode-se prever um contrato que envolva apenas os canais próprios da entidade esportiva, por exemplo. Como boa parte das vendas costuma ser local, seja em nível regional ou nacional, também é comum estabelecer diferentes acordos, dentro e fora desse perímetro;
c. **Período:** obviamente, o período de contrato pode variar de acordo com a vontade das partes. Mesmo assim, dada a complexidade do processo, recomenda-se um mínimo de dois anos para possibilitar uma análise criteriosa dos resultados. No caso de eventos esportivos sazonais, como o Campeonato Mundial de Basquete FIBA ou os Jogos Olímpicos, os contratos costumam cumprir o ciclo de dois ou quatro anos, sempre se encerrando juntamente com o evento. Antes do início da vigência do acordo, é necessário reservar um período inicial suficiente para o desenvolvimento de produtos, por parte do licenciado, e para a aprovação dos mesmos, pelo licenciador, além do prazo para a introdução no mercado (venda no atacado, produção e logística). Ao final do contrato, convém estabelecer um período para a desova de produtos em estoque (*sell-off*), costumeiramente entre um e três meses;
d. **Remuneração:** como já vimos, para a remuneração do acordo deve ser estabelecido o percentual de royalty, que pode variar de item para item, mesmo dentro de um mesmo contrato. É importante, também, definir a base de cálculo (preço no atacado ou varejo, com ou sem impostos). No caso de produtos importados, costuma-se definir um percentual maior, com base no preço original (FOB), sem

impostos. Tratando-se de licenças internacionais, a moeda a ser utilizada também deve estar explícita no contrato;

e. **Taxa de Publicidade:** alguns licenciadores costumam exigir um investimento mínimo em Publicidade, que deve ser comprovado por parte dos licenciados, ou mesmo cobrado adicionalmente;

f. **Garantia mínima:** a indústria do licenciamento tem por cultura estabelecer um valor mínimo de royalties a ser pago. Isso significa dizer que, independentemente do valor das vendas, um valor pré-combinado deve estar garantido para o licenciador. Dois motivos que mantêm esse tipo de prática são a dificuldade de controle por parte dos licenciados e o incentivo para que os licenciados invistam na causa. No caso do Esporte, em se tratando de equipes e atletas, os resultados esportivos afetam as vendas, e, por isso, o mínimo garantido deve ser estabelecido com cautela. No caso de acordos coletivos, o ideal é contar com uma garantia mínima geral, considerando os altos e baixos das equipes, que necessariamente ocorrerão. Para chegar à garantia mínima, deve-se estabelecer uma expectativa realista de vendas (valor) e, consequentemente, uma meta para o pagamento de royalties. A partir disso, aplica-se um percentual de garantia mínima, que convém estar entre 25 e 50% do resultado esperado.
Valor da garantia mínima = (estimativa de vendas) x (taxa de royalties) x (percentual de garantia mínima);

g. **Adiantamento:** normalmente, os contratos de licenciamento preveem que parte do valor da garantia mínima, como 20 ou 30%, seja pago no ato da assinatura do contrato, a fim de remunerar os recursos humanos e cobrir os custos administrativos de agentes e licenciadores incidentes até o lançamento dos produtos no mercado.

Licenciamento Cinco Estrela

Discutir modelos de Marketing Esportivo sem dar atenção às cinco principais ligas esportivas norte-americanas seria uma omissão grave. Mais especificamente, no caso de licenciamento e varejo esportivo, seria uma heresia. Isso porque tais ligas são os pais dessas duas ferramentas de negócios, a origem de tudo que se vê por aí.

Juntas, as cinco grandes ligas nacionais – Beisebol, Basquete, Futebol Americano, Hóquei no Gelo e Stock Car – movimentam aproximadamente 10 bilhões de dólares na venda de produtos oficiais.

Para entender a grandeza relativa desse número, isso significa dizer que são responsáveis por um a cada 10 dólares gastos com qualquer tipo de produto licenciado em todo o mundo.

Vale dizer que existem algumas diferenças entre as estratégias de cada uma dessas ligas, mas os seus conceitos centrais são muito semelhantes. O licenciamento de cada uma delas é comercializado em grupo, ou melhor, cada liga criou um órgão que centraliza os contratos de licenciamento.

Seguindo a tradição norte-americana, as ligas contam com uma forte estrutura de varejo, que inclui centenas de lojas oficiais, controladas pelos times, um shopping de comércio eletrônico e uma rede sólida de distribuidores país afora.

Assim como acontece com os demais ativos de Marketing, as receitas de licenciamento e varejo são divididas igualmente entre todas as equipes. Os direitos de licenciamento dos atletas são negociados com as respectivas associações de atletas profissionais, exceção feita à Nascar, onde equipes e pilotos negociam seus direitos individualmente.

Parte II – Varejo de Produtos Oficiais

4.10 Distribuição de Produtos Licenciados

A comercialização dos produtos licenciados com marcas esportivas possui as mesmas alternativas de distribuição em relação a outros produtos de consumo. Porém, o que costumava ficar a critério dos fabricantes tornou-se parte da estratégia dos detentores das marcas.

A tomada de decisão envolve três pontos básicos: volume, rentabilidade e controle.

4.10.1 Distribuição Intensiva

Assim como em outros mercados, o modelo pulverizado ainda é o mais utilizado na distribuição de produtos licenciados do Esporte, já que apresenta um grande potencial em atingir volumes mais altos de venda.

Contudo, pela grande dificuldade de controle por parte do licenciador, assim como pela evolução de novos modelos de distribuição mais adequados para atingir os fãs, esse critério vem perdendo espaço.

4.10.2 Distribuição Seletiva

A eficiência do modelo seletivo, administrado pelo dono da marca, é cada vez mais reconhecida pelos licenciadores de marcas esportivas.

Ainda que alguns licenciados já façam isso por conta própria, a iniciativa de oferecer exclusividade de todo o mix de produtos oficiais a um grupo restrito de distribuidores, em troca de sua lealdade, seja em termos da variedade de produtos da marca, investimento em Comunicação ou espaço de gôndola, tem demonstrado grande eficiência.

Outra vantagem do modelo é garantir um maior controle sobre o preço final dos produtos e o volume de vendas praticado pelos licenciados. Em contrapartida, os distribuidores garantem maior rentabilidade, os licenciados usufruem de uma sólida rede de distribuição e os fãs podem encontrar boa parte dos produtos em um mesmo ponto de venda.

4.10.3 Distribuição Exclusiva ou Própria

A distribuição de produtos por meio de lojas oficiais de entidades e eventos esportivos é uma modalidade de negócio que cresceu muito na última década.

Seja por meio do modelo de lojas próprias ou de terceirizadas (licenciamento ou franquia), o Esporte enxergou uma forma de integrar para frente, reduzindo intermediários e aumentando a rentabilidade e o controle sobre a operação.

A única crítica a este modelo é que a oferta de produtos e o volume de vendas tendem a diminuir, o que pode deixar alguns mercados desassistidos.

Na verdade, este poderia ser considerado o modelo básico, uma vez que boa parte das marcas esportivas não possui uma base de fãs suficiente para atrair parceiros para o licenciamento e, por consequência, os varejistas estabelecidos distanciam-se desse processo.

Partindo para o modelo de distribuição própria ou exclusiva, as entidades esportivas devem reger as estratégias de varejo, sem que seja necessário assumir a operação diária dos pontos de venda.

4.11 Lojas Oficiais

As lojas oficiais de times, ligas e eventos esportivos têm se mostrado muito rentáveis para as entidades envolvidas e de grande atratividade para os fãs.

Além de representarem a única fonte viável de receita por meio da venda de produtos para entidades esportivas de pequeno porte, sem potencial para licenciar a marca, os pontos de venda oficiais – de quiosques a grandes formatos – vêm sendo desenvolvidos para atender pelo menos a dois importantes objetivos estratégicos.

Com a introdução de lojas oficiais, os fãs priorizam a escolha da marca, colocando a categoria de produtos em segundo plano, ocasionando menor sensibilidade a preços, ou seja, melhor rentabilidade.

É o processo inverso ao qual costuma acontecer quando esses produtos são comercializados em lojas especializadas por categorias de produtos.

4.11.1 Fidelização

As lojas oficiais tornaram-se uma nova fórmula para estabelecer experiências interativas entre os fãs e as marcas esportivas, atendendo às suas necessidades de consumo.

Em grandes eventos esportivos, as lojas vêm se estabelecendo como uma das atrações mais esperadas pelos fãs, os quais têm a expectativa de consumir produtos oficiais à vontade.

4.11.2 Competitividade

No caso de equipes esportivas, a estrutura própria de varejo também pode ser vista como um fator de diferenciação competitiva, libertando-se de algumas limitações impostas pela coopetição.

4.11.3 Formatos de Lojas Oficiais

Obviamente, os formatos de loja para produtos de marcas esportivas não diferem daqueles disponíveis para outras indústrias. Contudo, a tomada de decisão sobre o canal conta com algumas especificidades.

No caso de eventos esportivos sazonais, por exemplo, costuma-se optar por lojas temporárias (*pop-up stores*), dos mais diversos formatos, enquanto equipes esportivas com uma sólida base de fãs preferem as lojas fixas.

- **Flagships**

  As flagships (ou lojas conceito, de autosserviço), instaladas no perímetro dos eventos esportivos ou em importantes endereços comerciais, tornaram-se mais do que uma importante ferramenta para a venda de produtos, configurando um ingrediente à parte para as experiências dos fãs em relação à marca.

  No caso do Esporte, costumam ser lojas de grande formato, adequadas para a oferta de um grande número de itens e de alguns serviços agregados.

Quando estão no perímetro das arenas esportivas, precisam contar com um número bem maior de checkouts, uma vez que a maioria das vendas em dias de competição concentra-se em um curto espaço de tempo, entre a entrada e a saída dos fãs, além dos intervalos. Dessa forma, conseguem atingir melhores resultados em vendas e atender ao nível de serviço esperado pelos torcedores.

- **Lojas Convencionais**

  Dependendo da demanda por produtos em diferentes localidades, as entidades esportivas podem optar pela implementação de pontos de venda de pequeno e médio portes, inspirados pelo conceito das flagships.

  Estas lojas podem ser implementadas em centros comerciais de rua, shopping centers e aeroportos, por exemplo.

- **Store-in-store**

  Outro conceito bastante utilizado é o chamado store-in-store (ou "loja-dentro-de-loja"), que nada mais é do que um espaço exclusivo dedicado aos produtos da marca, dentro de outros pontos de venda com grande fluxo de pessoas, como lojas de departamento, supermercados ou outros canais de distribuição em massa.

- **Lojas Compactas**

  Lojas compactas, como tendas e quiosques, instaladas em arenas esportivas e outros locais de grande circulação de fãs, são uma alternativa interessante para as entidades esportivas, devido à mobilidade, além do baixo custo de implementação e de operação, podendo, inclusive, acompanhar cada etapa de um determinado evento esportivo.

- **Comércio Eletrônico**

  Outra modalidade já consagrada de distribuição de produtos ligados às entidades esportivas é o comércio eletrônico.

  A resposta para o sucesso das lojas oficiais on-line está no fato de que, no caso de grandes eventos e de equipes esportivas mais populares, parte considerável da base de fãs costuma estar fisicamente distante das cidades-sede.

  Tal processo foi acentuado com a globalização do Esporte, suportada por essa megatendência internacional. Com isso, a internet foi instituída como o canal de vendas predileto para unir comunidades esportivas sem fronteiras territoriais. Ao mesmo tempo, o *e-commerce* é uma alternativa viável de implementação para marcas com menor potencial de vendas.

  As lojas virtuais permitem trabalhar com um mix de produtos mais abrangente, quando comparadas às lojas físicas, além de viabilizar o pré-lançamento de itens com grande potencial de vendas, como o novo uniforme da equipe ou um DVD comemorativo.

- **Comércio Móvel ou M-Commerce**

  Assim como a democratização nas comunicações impulsionou o crescimento das vendas on-line, a crescente penetração de dispositivos móveis com alta capacidade de tráfego de dados promete ser a nova onda no comércio juntos aos fãs de marcas esportivas.

  A possibilidade de adquirir produtos enquanto assistem aos eventos esportivos, mesmo ao vivo, no momento em que os fãs estão mais envolvidos, deve impulsionar as vendas deste canal.

- **Comércio Social ou F-Commerce**

  O comércio eletrônico realizado dentro do ambiente das redes sociais é outra tendência emergente que promete revolucionar a venda de produtos de atletas, equipes e gestores de eventos esportivos.

  Esse novo modelo, criado pelo Facebook, permite ofertas exclusivas e lançamentos antecipados para os fãs cadastrados, que podem comentar os produtos e interagir com a marca enquanto realizam a compra.

  A ferramenta também incentiva o Marketing viral, por meio do botão "curtir", podendo inclusive comissionar os fãs pelas indicações. Ou seja, além de

Figura 4.1 Cadeia de Distribuição L&M

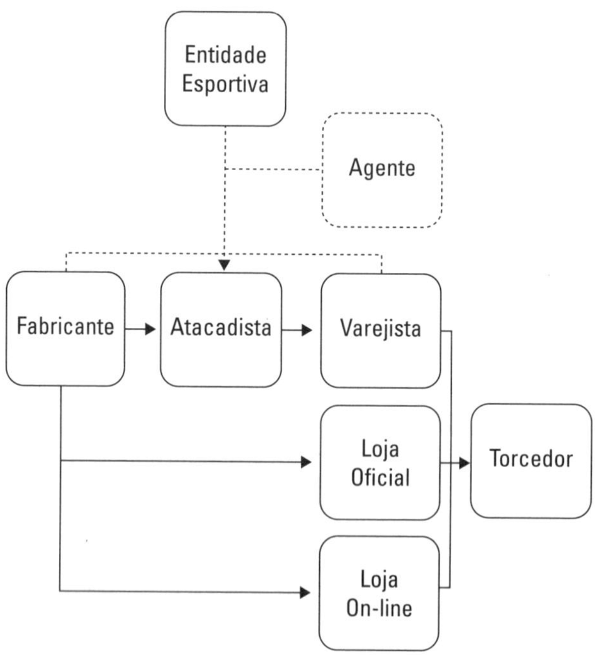

impulsionar as vendas, o comércio social promete ser um importante componente para estreitar o relacionamento com os fãs e aumentar o seu engajamento com a marca, função que cumprem as flagships, no mundo real.

A Figura 4.1 combina a cadeia de distribuição da marca (Licenciamento), representada por linhas pontilhadas, e a dos produtos (Merchandising), representada por linhas contínuas.

World Cup Licensing & Retail

As origens do licenciamento de produtos das Copas do Mundo estão em 1966, quando o leãozinho roqueiro Willie conquistou os fãs e faturou 4 millhões de libras esterlinas para ter a sua imagem estampada em alguns suvenires. Porém, a FIFA reconhece o programa de licenciamento a partir de 1994, não por acaso, nos Estados Unidos, gerando vendas acima de 500 milhões de dólares.

Mais do que garantir uma importante fonte de receita para os organizadores, representando cerca de 3% da receita operacional, o projeto tem a missão de estabelecer uma conexão com os fãs e promover a marca da Copa, atingindo uma penetração significativa e preservando o programa de Marketing da FIFA, ou seja, utilizando categorias de produtos que não causem conflito junto aos patrocinadores do evento.

Não se pode negar, igualmente, a importância desse projeto para os licenciados, agentes e varejistas envolvidos, já que as vendas no varejo movimentam consideravelmente a economia do evento.

Desde o início, muita coisa mudou. Em 1998, na França, onde foi instalada a primeira loja oficial de uma Copa do Mundo, reservada exclusivamente para produtos originais, o programa já superou a marca de 1 bilhão de dólares em vendas. Quatro anos depois, no Japão e na Coreia do Sul, já havia 13 lojas oficiais, mantendo-se a evolução do faturamento em relação ao ciclo anterior.

Porém, o Programa de Licenciamento da FIFA atingiu seu ápice em 2006, na Alemanha. Para impulsionar essa estrutura, a entidade contou com um licenciado master internacional para a concessão das licenças de produtos e outra companhia responsável pela implementação e operação das lojas, cujo contrato permitia desenvolver uma extensa linha de produtos que não estivessem contemplados nos acordos de licenciamento.

O projeto contou com mais de 500 produtos, desenvolvidos por 130 empresas licenciadas e distribuídos em nada menos que 300 pontos de venda oficiais, gerando vendas no varejo na ordem de 2 bilhões de dólares, estando a maior parte concentrada no país-sede, no ano do evento.

4.11.4 Abastecimento

O abastecimento das lojas oficiais pode envolver itens já licenciados ou desenvolvidos exclusivamente para esse fim, produzidos, naturalmente, por terceiros. O mais comum é adotar uma combinação de ambos.

- **Produtos Licenciados**
  O abastecimento das lojas com produtos oficiais licenciados é essencial para alavancar as vendas e atrair ou manter bons contratos de licenciamento, já que representam canais de distribuição garantidos.
  Porém, normalmente, a variedade de produtos não é suficiente para compor um mix completo, que atenda a todas as demandas dos fãs, em todas as categorias de produtos.
- **Produtos Exclusivos**
  Além de compor o mix ideal de produtos, sem a dependência total dos artigos licenciados, os produtos exclusivos podem representar maior rentabilidade, uma vez que o poder de negociação com os fornecedores é maior, pois não existe uma reserva de mercado, como ocorre no caso dos licenciados.
  O operador da loja pode, a qualquer momento, buscar novas alternativas de fornecimento, em termos de preço e de qualidade.
  A escala de produção é um gargalo a ser vencido para a implementação de produtos exclusivos, já que os fabricantes costumam exigir uma quantidade mínima para produção, sem contar a variação de custos em função do volume fabricado.

4.11.5 Operação de Varejo

É altamente recomendado que o negócio de lojas oficiais seja gerenciado por terceiros, reduzindo o investimento e os riscos das entidades esportivas, além de permitir que estas mantenham o foco na gestão da marca.

Sendo assim, pode ser concedida uma licença de uso da marca para alguém com experiência comprovada em varejo, ou para uma franquia, quando a entidade esportiva oferece também o know-how, o que é menos comum.

A entidade esportiva pode, ao contrário, contratar um operador de varejo ou logística, remunerado por taxa mensal de serviço, um percentual das vendas ou, ainda, um valor fixo por pedido processado, resguardando o lucro da operação.

A entidade esportiva costuma ser remunerada pelo faturamento da loja (algo entre 3 e 10%), em contratos muito semelhantes aos de licenciamento de produtos. No caso de utilizar um espaço físico que pertença ao dono da marca, como na arena, por exemplo, poderá ser acrescida uma taxa de locação do ponto.

É recomendado que o operador da loja oficial tenha o direito de desenvolver produtos exclusivos, para que o sucesso desse negócio não esteja apenas atrelado ao bom desempenho do Programa de Licenciamento.

Capítulo 5

Direitos de Mídia

5.1 O Papel da Mídia no Esporte

Qual a função da Mídia para o Esporte poderia ser um tema de uma complexa discussão filosófica. Contudo, do ponto de vista de Marketing, podemos atribuir à Mídia a realização de interesses comerciais muito objetivos.

5.1.1 Divulgação

Um aspecto muito importante, talvez o principal, a respeito do impacto da Mídia sobre o Esporte é a divulgação.

A Mídia, conceitualmente, tem o poder de propagar a mensagem, atingindo potenciais praticantes e torcedores ou, se preferir, consumidores.

Por isso, otimizar a cobertura da Mídia especializada é fundamental no ciclo de vida de um produto esportivo.

Meios de Comunicação tradicionais, como TV, Rádio, Jornal e Revista, bem como os mais atuais, como internet e Mobile, são alternativas cada vez mais relevantes.

5.1.2 Distribuição

Além da divulgação, a Mídia eletrônica – assim como as arenas – é responsável pela distribuição, ou seja, o acesso do consumidor ao produto (ou serviço), uma das quatro partes do composto de Marketing. Essa conclusão transforma os grupos de Mídia em grandes clientes das entidades esportivas.

Enquanto, por décadas, essa possibilidade retringiu-se basicamente à TV, no máximo ao Rádio, pode-se dizer que, hoje, as novas mídias ganham cada vez mais importância, revolucionando a distribuição de conteúdo esportivo.

5.1.3 Financiamento

A comercialização dos direitos de Mídia é, em muitos casos, a principal fonte de recursos das entidades esportivas. Além disso, possui grande influência, ainda que indireta, nas estratégias de patrocínio.

Da mesma forma, o conteúdo esportivo tem grande valor comercial para os grupos de Mídia, como vantagem competitiva para o aumento da audiência e, consequentemente, das receitas com anunciantes.

- **Fonte de Receita Indireta**
  Parece bastante razoável dizer que a Mídia representa, no mínimo, uma fonte de renda indireta para o Esporte.
  Seja na promoção de eventos, na construção de ídolos ou na exposição reverberada das marcas dos patrocinadores, a Mídia originada pelo Esporte influi de alguma forma nas receitas comerciais geradas por um atleta, evento ou entidade esportiva.
- **Fonte de Receita Direta**
  O Esporte é um excelente conteúdo de programação para os veículos de Mídia, pois carrega um público cativo e representa custos de produção relativamente baixos. Dessa forma, costuma gerar boa audiência, atraindo grandes anunciantes.

Figura 5.1 Financiamento dos Direitos de Mídia

Por esses motivos, os principais eventos esportivos são disputados entre os veículos de Mídia, gerando a oportunidade de negociá-los com exclusividade. Os direitos podem ser cedidos diretamente para os veículos ou por meio de agentes especializados.

5.2 Cenário e Tendências

Logicamente, as negociações dos direitos de transmissão sofrem influência de fatores externos, especialmente das tendências da Indústria de Mídia. No Esporte, o impacto diante das mais recentes mudanças é facilmente percebido.

"Mídias sociais e tecnologia estão mudando a forma como as pessoas consomem Esporte" – Rick Dudley, presidente e CEO da Octagon Worldwide, na Soccerex Global Convention 2011.

Podemos observar alguns fenômenos tecnológicos e culturais com impacto direto na negociação dos direitos de retransmissão:

Princípios Olímpicos

Para otimizar o retorno, as estratégias de Mídia das entidades esportivas podem focar uma gama de objetivos específicos, como reconhece o Comitê Olímpico Internacional – *International Olympic Committee* (IOC):

- Assegurar o financiamento no longo prazo para o Movimento Olímpico e os Jogos Olímpicos;
- Estabelecer parcerias que forneçam programação adicional para: (a) assegurar a cobertura global dos Jogos Olímpicos; (b) promover os ideais olímpicos; e (c) aumentar a visibilidade do trabalho do Movimento Olímpico mundo afora;
- Garantir que os parceiros de retransmissão sejam experientes em prover a programação olímpica na mais alta qualidade, fortalecendo a imagem dos Jogos Olímpicos;
- Permitir que veículos parceiros desenvolvam associações mais fortes com as Olimpíadas e fortalecer a identificação de cada um desses veículos, em seu respectivo país ou território, como o parceiro de Mídia olímpico;
- Maximizar a exposição por meio de todas as plataformas de Mídia disponíveis e explorar tecnologias mais avançadas;
- Intensificar as relações entre patrocinadores, parceiros de Mídia e "família olímpica", o que promoverá um cronograma que sustenta todo o Movimento Olímpico.

5.2.1 Segmentação

A segmentação não é uma tendência de Mídia propriamente nova. Contudo, podemos afirmar que ainda é uma tendência atual, que não demonstra qualquer probabilidade de reversão nas próximas décadas, pelo contrário, segue caminhando no sentido do Marketing um a um.

5.2.2 Interatividade

A interatividade é outra tendência marcante na Era da Informação. O consumidor, mais bem informado e poderoso, deixou de se satisfazer com o papel de processar as mensagens emitidas pelas marcas.

Como sempre deveria ter sido, o consumidor demonstrou sua necessidade em estabelecer um canal de Comunicação de duas vias, tornando-se, também, produtor de conteúdo.

5.2.3 Convergência

Mais do que o surgimento constante de novas mídias, a convergência entre esses aparatos eletrônicos é um fenômeno que interfere diretamente na negociação de direitos.

O recente processo de unificação entre TVs, computadores pessoais e aparelhos de telefonia celular cria novas oportunidades comerciais. Ao mesmo tempo, abre-se a polêmica sobre a segmentação desses direitos, já que, dependendo do ponto de vista, eles podem ser definidos pelo tipo de dispositivo (algo cada vez mais difícil de identificar) ou pelo tipo de conteúdo (áudio, vídeo, texto), sendo que este segundo formato ganha cada vez mais força e lógica.

5.2.4 Globalização

O processo de globalização, principalmente em seu impacto sociocultural, é tanto impulsionador quanto impulsionado pelo desenvolvimento das telecomunicações.

A queda de barreiras culturais criou uma demanda por um conteúdo esportivo internacional, gerado por poderosas marcas globais, que avançam sobre todos os continentes, sob os diversos formatos e dispositivos de entrega dessa informação.

Por um lado, existe uma maior gama de potenciais clientes interessados em distribuir esse conteúdo; por outro, o aumento da concorrência nos mercados internos, algo muito semelhante ao que ocorre em diversas outras indústrias.

5.2.5 Evolução Tecnológica

O desenvolvimento tecnológico dos meios de Comunicação está intimamente ligado à negociação dos direitos de Mídia no Esporte.

A evolução da TV e o surgimento de novos meios e ferramentas de Comunicação trouxeram novas oportunidades para as entidades esportivas dos mais variados portes.

- **Novas Mídias**

  O crescimento acelerado das novas mídias, sobretudo para a distribuição de conteúdo em áudio e vídeo, vem revolucionando as estratégias de Marketing Esportivo.

  Sem isso, seria possível duvidar se este capítulo caberia a eventos esportivos de menor porte. Para eventos de grande porte, é uma importante oportunidade para o incremento das receitas comerciais. Já para eventos escolares, regionais ou modalidades menos desenvolvidas, pode ser a única opção disponível para todos os orçamentos.

  – **Internet**

    O aumento constante da penetração do meio internet em vários mercados, assim como a democratização do acesso de alta velocidade, reduzindo os custos de transmissão e captação, já é uma realidade na retransmissão de grandes eventos esportivos e na consequente negociação de direitos.

  – **Mobile**

    O aumento acelerado na oferta de dispositivos móveis com alta capacidade de transmissão de dados, permitindo tráfego de áudio e vídeo de alta qualidade, é a bola da vez no sentido incentivar a segmentação do conteúdo esportivo.

- **Evolução da TV**

  Para os profissionais de Marketing Esportivo, não há como estudar este tema sem avaliar o impacto do advento da TV, ainda em preto e branco, a evolução para a TV colorida e o acelerado desenvolvimento de novas tecnologias de distribuição e de recepção do sinal.

- **TV por Assinatura**

  O advento da TV por assinatura não é um fenômeno propriamente recente, mas permitiu a criação de canais exclusivamente dedicados ao Esporte e requer uma variedade de conteúdo a qual os eventos esportivos atendem muito bem.

  Por razões conjunturais, alguns mercados absorveram melhor este modelo de distribuição e, consequentemente, o colocaram como prioridade na distribuição do conteúdo de competições esportivas.

  O sistema pay-per-view é mais uma alternativa de distribuição consagrada pelo Esporte.

- **DTV**

  A TV aberta já atingiu um estado de maturidade quase absoluto, mas, dentro de seus limites, acompanha a tendência de segmentação, por meio da distribuição de conteúdo regionalizado, outra característica de boa parte dos eventos esportivos. Com a transmissão digital, surgem novas alternativas de segmentação.

  O primeiro passo para a revolução da TV no século XXI foi dado com a TV Digital (DTV). Esse foi um importante avanço para a segmentação do meio, já que o modelo digital permite que cada canal seja subdividido, criando espaço para novos conteúdos segmentados, inclusive, ou principalmente, esportivos.

  Como o modelo digital já é aplicado há mais tempo nos canais a cabo, a grande revolução ocorre nos mercados dominados pela TV gratuita. Além do sinal limpo e cristalino, muito valorizado pelos fãs do Esporte, a DTV suporta desde o padrão convencional até as transmissões em alta definição.

  Esta tecnologia também impulsiona a recepção do sinal por meio de dispositivos móveis e, ao mesmo tempo, viabiliza a interatividade com os fãs, como veremos adiante.

- **HDTV**

  Já não se pode negar a influência das transmissões em alta definição para os negócios do Esporte. No sentido contrário, o conteúdo esportivo vem ratificando a sua importância para aumentar a penetração da HDTV na população.

  Nitidamente, a HDTV aprimora a experiência dos fãs em relação aos eventos esportivos, muitas vezes igualando, ou mesmo ultrapassando a experiência ao vivo, considerando o ganho expressivo em termos de áudio e vídeo.

  Nos Estados Unidos, estudos revelam uma audiência esportiva 21% maior entre aqueles que possuem aparelhos de alta definição, quando comparados aos donos de aparelhos convencionais. Muitos já atribuem à HDTV o aumento da audiência em geral e a queda de público nos arenas.

  Pode-se concluir que, por um lado, a HDTV valoriza os direitos de retransmissão de eventos esportivos e destaca os patrocinadores; por outro, pode ser uma ameaça aos eventos ao vivo. Para reduzir esse risco, gestores de arenas e eventos esportivos estão investindo em telões de última geração, como no UFC (Ultimate Fighting Championship) e na nova arena dos Dallas Cowboys.

  Outro aspecto interessante: a HDTV permite utilizar um ângulo de câmera mais aberto, sem comprometer a visualização dos detalhes. Com isso, os fãs podem ter uma visão mais ampla do jogo, com sua dinâmica real, ficando mais próximos da sensação da experiência ao vivo, o que pode revolucionar a retransmissão de alguns Esportes, como o Hóquei no Gelo e o Futsal.

- **iTV**

  A TV interativa (iTV) reúne várias tecnologias de receptores e de geração de conteúdo, que permitem a Comunicação em duas vias com os fãs por meio da TV digital.

  O maior ganho está no conteúdo, já que os fãs podem interagir com a programação, navegando pela tela da TV por meio do controle remoto. Assim, podem fazer prognósticos de resultados, participar de enquetes, visualizar calendários, resultados e estatísticas, exibir eventos ou cenas simultâneas, ou mesmo escolher a opção de áudio preferida (como o som original do evento).

  Para modalidades como o Golfe, por exemplo, a possibilidade de assistir simultaneamente ao desempenho de vários atletas representa, certamente, uma revolução nas retransmissões.

- **3DTV**

  A transmissão de TV em terceira dimensão (3DTV) promete ser mais um capítulo importante desta história, intensificando a experiência dos fãs, além da HDTV. Da mesma forma, o futuro da 3DTV depende do conteúdo esportivo.

  Entretanto, especialistas apontam a produção e a distribuição do sinal em 3D como grandes obstáculos a serem vencidos, já que hoje exigem uma estrutura independente da HDTV (que pode ser assistida em aparelhos convencionais).

  Como alternativa de recriar o ambiente dos eventos ao vivo, os cinemas têm se mostrado muito atraentes para as transmissões ao vivo em 3D.

5.2.6 Socialização Digital

A revolução das Mídias Sociais, assim como em toda a sociedade, representa uma revolução no Marketing Esportivo.

Por meio delas, celebridades e entidades esportivas podem manter diálogo com os fãs, transmitir conteúdo exclusivo, trocar informações úteis, compartilhar opiniões ou realizar promoções e enquetes. Os fãs ainda podem compartilhar o conteúdo com a sua rede de amigos, multiplicando o alcance e a legitimidade das mesmas.

Para obter a repercussão desejada, especialistas dão dicas importantes, como originalidade do conteúdo, regularidade nas postagens e monitoramento constante da reação dos fãs.

Pesquisas demonstram que os fãs do Esporte que participam das Mídias Sociais são apaixonados e engajados acima da média. Observa-se, também, que as Mídias Sociais são utilizadas com frequência, antes, durante e, principalmente, após os eventos. Por meio delas, atletas e entidades esportivas podem cultivar sua reputação e influência, melhorando sua imagem e atraindo patrocinadores.

Uma discussão bastante atual trata do controle de organizadores de eventos e de equipes esportivas sobre o uso dessas mídias por parte dos respectivos atletas e do pessoal de nível operacional.

- **Twitter**

  O miniblog tem demonstrado um apelo mercadológico principalmente para celebridades, como atletas e treinadores (além de especialistas).

  Como diferencial, permite transmitir informação em tempo real, sobretudo durante o evento. Além disso, por meio dele, é possível reconhecer os fãs mais influentes, facilitando a implementação de outras iniciativas de Marketing.

- **Facebook e Google+**

  Se estas ferramentas estão se tornando a principal fonte de informação para os consumidores, o que dizer sobre os fãs?

  No Facebook, as entidades esportivas (equipes, ligas, eventos e equipes) e os atletas podem criar suas *fan pages* para realizar, a custo baixo, o sonho de relacionar-se com os fãs em comunidade, onde se colocam como moderadores das trocas de informação e de conteúdo.

- **YouTube**

  Esta ferramenta pode ser utilizada pelos gestores esportivos para publicar gratuitamente conteúdo original em vídeo, como cenas de bastidores de treinamentos, entrevistas, eventos sociais e esportivos, ou mesmo criar o próprio canal. Para os fãs, é a oportunidade de assistir a vídeos sob demanda e compartilhar conteúdo próprio.

  Também é utilizado como plataforma para compartilhar conteúdo nas demais redes sociais. Recentemente, o YouTube deu os seus primeiros passos no negócio de transmissões ao vivo, prometendo uma nova revolução, inclusive na Indústria Esportiva.

- **Flickr e Instagram**

  O compartilhamento gratuito de fotos é o principal diferencial do Flickr, onde podem ser publicadas imagens de eventos e bastidores, inclusive vídeos, para consultas e comentários dos fãs. Também pode ser uma importante ferramenta de assessoria de imprensa, com a disponibilização de fotos profissionais com a Mídia especializada. Da mesma forma, a ferramenta facilita o compartilhamento de conteúdo em outras redes sociais.

  Já o Instagram é a ferramenta mais amigável para publicação de fotos e vídeos nos dispositivos móveis.

- **Videogames**

  Pode parecer certo exagero incluir os videogames com temas esportivos na análise desta indústria. Porém, o grande avanço tecnológico em termos de recursos gráficos, a inteligência artificial e a fidelidade de movimentos, prestes a alcançar o nível de experiência do mundo real, transformaram os games em uma prática esportiva virtual e em uma importante ferramenta de Marketing Esportivo.

  Os avanços parecem não ter limites e o futuro é ainda mais promissor. Colocá-los, sim, neste capítulo, é relativamente arbitrário, a não ser pelo fato de fazerem uso de dispositivos iguais ou semelhantes aos utilizados pela Mídia eletrônica.

  Como já vimos nos capítulos anteriores, os videogames para computadores pessoais e consoles desempenham um importante papel na formação de praticantes e fãs, assim como movimentam relevantes acordos de licenciamento. Mais do que isso, os games funcionam como uma forma cada vez mais eficiente de Mídia, garantindo a exposição do Esporte e, por que não, dos patrocinadores esportivos, 24 horas por dia, 365 dias no ano.

5.3 Modelos de Retransmissão

A verdade é que nem todos os eventos esportivos, nem todos os mercados, têm a capacidade de gerar audiência a ponto de chamar a atenção da Mídia. Em casos intermediários, a Mídia tem relativo interesse em ocupar sua grade de programação com um determinado evento esportivo, mas não está disposta a pagar por isso.

A consciência sobre o real potencial de mercado de seu evento é fundamental para os gestores esportivos na escolha do modelo de distribuição na Mídia.

O próximo passo é, essencialmente, estratégico. Existem alguns aspectos a favor e outros contra cada modelo de negociação. Podem ser adotados modelos diferentes para cada meio de Comunicação, fase do evento ou região geográfica.

5.3.1 Modelo Próprio

A democratização tecnológica na Era da Informação criou um novo modelo de distribuição de conteúdo impensável, há poucas décadas, para a maioria das entidades e eventos esportivos.

Os custos de produção e de edição caíram vertiginosamente, com as videocâmeras digitais e os computadores pessoais com alta capacidade de processamento e de armazenamento, além de aplicativos cada vez mais simples.

A internet oferece opções de distribuição para absolutamente qualquer nível de orçamento. Começando por sites gratuitos de compartilhamento de vídeo (pré-gravado) e chegando à distribuição de conteúdo Multimídia simultâneo (ao vivo), por meio de aplicativos e servidores do sistema streaming, amparados pelo rápido desenvolvimento das conexões domésticas e públicas de alta velocidade.

Ainda que a trajetória dos canais próprios contemple exemplos de rentabilidade duvidosa na TV fechada, a revolução no cenário tecnológico reabriu espaço para o surgimento de uma ampla variedade de canais próprios de entidades esportivas – Web TVs e Web Radios – tanto gratuitos quanto por assinatura. A programação desses canais costuma ser dedicada à transmissão de eventos e/ou de conteúdo jornalístico exclusivo.

Ademais, o desenvolvimento do PC-TV, convergência entre aparelho de TV e computador pessoal, com conexão à internet de alta velocidade e resolução, é mais uma poderosa tendência para este modelo de distribuição.

Para transmissões de áudio, o grande sucesso do Rádio Via Satélite, principalmente nos Estados Unidos, criou uma alternativa de segmentação jamais vista neste meio. As grandes ligas esportivas americanas já usufruem dessa fonte de receita, por meio da comercialização de assinaturas.

5.3.2 Modelo Não Exclusivo

Este modelo consiste em liberar a cobertura – ou o sinal de transmissão – para todos os veículos de Mídia, indiscriminadamente. O modelo que chamamos de direitos não exclusivos, teoricamente, pode atrair uma gama de veículos e espectadores, valorizando a divulgação em detrimento da geração de receita.

Como ponto fraco, o modelo tornará difícil a previsão de retorno de Mídia e poderá causar desconfiança nos patrocinadores, pois não há garantia efetiva de cobertura.

A tentativa de implementar a distribuição intensiva pode ainda causar o efeito reverso, esvaziando o interesse de todos os veículos de Mídia que veem o conteúdo exclusivo como um importante fator de diferenciação.

5.3.3 Modelo Exclusivo

O modelo exclusivo de retransmissão trata da cessão de direitos para uma ou mais emissoras, em detrimento dos demais veículos, para um determinado meio de Comunicação, formato ou região. Pode ser um acordo remunerado ou não remunerado.

Embora seja mais conhecido na TV, encaixa-se, teoricamente, para os demais meios de Comunicação, como Rádio e internet. De certo ângulo, este modelo pode ser visto como uma forma de restrição, porém é bem mais coerente considerá-lo uma estratégia de foco.

O modelo sugere um número menor de potenciais de espectadores, mas pode garantir um nível de comprometimento maior por parte da emissora, podendo atingir uma audiência efetiva superior. Essa análise faz mais sentido partindo de um modelo não remunerado.

Já os eventos mais atrativos podem chegar a um acordo de retransmissão remunerado, figurando entre as principais fontes de receita da entidade esportiva.

De uma forma ou outra, sempre há necessidade de um balanço entre divulgação e rentabilidade. Por vezes, o gestor esportivo é chamado a tomar essa decisão complexa, quando se depara com uma boa oferta da Mídia, mas que reduz a cobertura do evento, assim como a exposição da marca dos patrocinadores, equipes e atletas.

5.4 Modelos de Negociação

Optando pelo modelo exclusivo e remunerado, as ligas e entidades esportivas precisam convergir para um modelo de distribuição das receitas entre os participantes. Esses direitos podem ser negociados individual ou coletivamente.

5.4.1 Negociações Individuais

Originalmente, cada equipe é detentora dos próprios diretos de retransmissão. Caso não haja legislação vigente ou um acordo entre os participantes, este modelo irá prevalecer.

Negociando individualmente, as marcas mais fortes, sem dúvida, terão resultados relativamente melhores, sobretudo quando comparados aos das marcas menos expressivas, o que ocasiona um desequilíbrio competitivo que pode causar danos no longo prazo.

Porém, ao reconhecer que a competição esportiva entre equipes depende de, ao menos, dois times em ação, encontramos o grande dilema das negociações individuais. Além disso, elas geram um maior desequilíbrio econômico entre as equipes, o que refletirá esportivamente.

Em diferentes regiões do mundo, e suas respectivas jurisdições, podemos encontrar divergências de opinião em relação às negociações individuais:

a. A equipe da casa (mandante) detém todos os direitos sobre o evento, como ocorre nos Estados Unidos e na Holanda, por exemplo;
b. Ambas as equipes possuem os direitos em conjunto, como ocorre na Espanha;
c. No Brasil, os direitos pertencem aos clubes participantes, porém não fica claro tratar-se de qual dos modelos acima;

d. Não é possível estabelecer acordos individuais, já que os direitos pertencem à entidade esportiva máxima, como é o caso da França.

5.4.2 Negociação Coletiva

O modelo de negociação coletiva atende ao princípio da coopetição. Ainda que essa discussão gere muita polêmica, ao longo de muitas experiências, parece claro que a venda coletiva é a que melhor atende aos interesses dos clientes (Mídia), além de facilitar a negociação e a distribuição.

Comercializar em bloco incrementa o poder de barganha diante dos compradores, o que, conceitualmente, aumenta o potencial total de geração de receita. Além disso, a negociação coletiva impulsiona um maior equilíbrio competitivo entre os participantes, com potencial de incrementar outras fontes de receita, o que é, certamente, uma tendência internacional.

Figura 5.2 Modelo de Tomada de Decisão – Direitos de Mídia

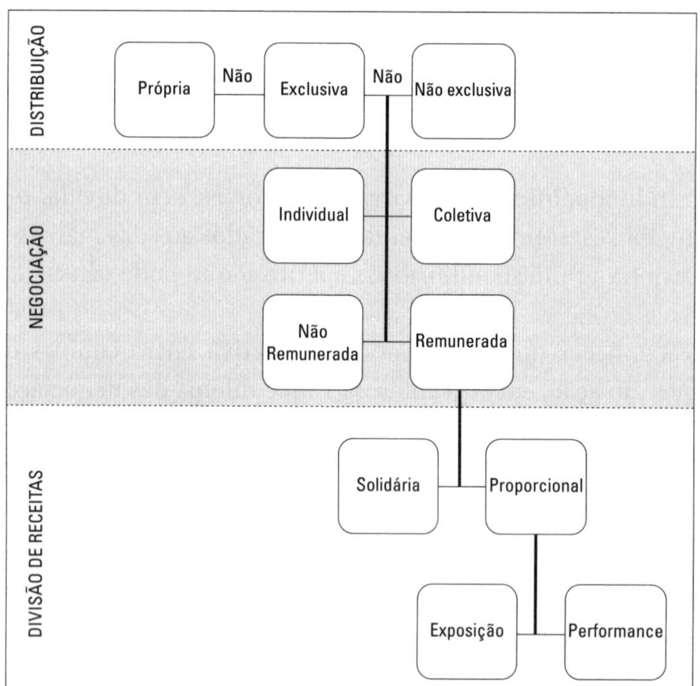

Direitos dos Atletas

O direito de uso da imagem dos atletas, para efeito de negociação de direitos de Mídia, é conhecido como "direito de arena".

No Brasil, segundo a legislação vigente, equipes, ou mesmo seleções nacionais devem recolher 5% da receita com direitos de Mídia ao sindicato dos atletas, resguardando o direito de personalidade dos mesmos, salvo negociação contrária entre as partes.

No que depender do aumento contínuo do poder de barganha dos atletas profissionais, tal valor tende a ser negociado acima desse patamar, mesmo porque interessa às equipes incorporar esses valores ao salário, reduzindo impostos trabalhistas.

Chegar a um acordo sobre o percentual que cabe aos atletas costuma exigir uma negociação árdua, que se torna mais dura conforme aumenta o montante envolvido.

Esse é o principal motivo de discórdia entre equipes e atletas nas ligas profissionais. Na NFL, por exemplo, os atletas já conquistaram a maior parte desse rateio (60%).

5.5 Modelos de Divisão de Receitas

Optando pela comercialização coletiva dos direitos, o novo debate passa a ser a respeito de como essas receitas serão divididas entre os participantes.

Embora possa parecer contraditório, mesmo na negociação individual, uma porção das receitas (20%, por exemplo) deve integrar um pote central, sendo redistribuída entre todas as equipes, o que reduz, em parte, o desequilíbrio competitivo no âmbito esportivo.

No caso de grandes eventos internacionais, a entidade esportiva máxima costuma reter parte desses recursos para a organização da competição, revertendo o valor restante em subsídios ou ações que beneficiem os atletas, as equipes ou o Esporte como um todo. O IOC, por exemplo, reparte esses recursos entre o comitê organizador local, os comitês olímpicos nacionais dos países envolvidos e as confederações internacionais de todas as modalidades olímpicas.

No caso de competições regionais, nacionais, ou até mesmo continentais, as quais envolvam diversas equipes, a receita proveniente da negociação de direitos costuma ser, de alguma forma, repartida entre as entidades participantes. O fato complicador é que entidades, muitas vezes com perfil diverso, devem chegar a um consenso ou simplesmente aceitar as condições impostas pelo organizador do evento.

Diferentes critérios podem ser adotados para partilhar as receitas. Três deles vêm se firmando com as alternativas mais aceitas:

Figura 5.3 Direitos de Mídia

<table>
<tr><th></th><th colspan="2">Modelos de Negociação</th></tr>
<tr><th></th><th>Negociação Individuais</th><th>Negociação Coletiva</th></tr>
<tr><th rowspan="3">Modelos de Divisão</th><td rowspan="3">Distribuição Individual</td><td>Distribuição por igual</td></tr>
<tr><td>Divisão por Performance</td></tr>
<tr><td>Divisão por Exposição</td></tr>
</table>

5.5.1 Por Performance

Ocorre quando a divisão das receitas, ou de parte delas, é realizada em função da performance esportiva de cada equipe.

A avaliação, bastante objetiva, leva em conta a posição final na tabela de classificação ou premiação, de acordo com a qualificação para as fases posteriores da disputa. O principal interesse é que possa haver uma mobilidade na receita das equipes e uma oportunidade para as marcas menos representativas.

5.5.2 Por Exposição

Este método considera a quantidade de aparições, ou seja, o número de vezes que cada equipe teve um evento transmitido, em distinção do nível de audiência alcançado.

Indiretamente, este modelo é afetado pelo tamanho da base de torcedores e pela performance.

5.5.3 Por Popularidade

Este critério de divisão é baseado no potencial de gerar receita de cada entidade participante, seja medida por meio do tamanho da base de torcedores ou pela audiência histórica dos eventos.

A crítica a este modelo está no fato de ele promover o distanciamento constante entre equipes mais e menos expressivas.

No caso de competições continentais, a audiência e as condições econômicas de cada país poderão influenciar.

5.5.4 Por Participação

Trata-se da forma mais básica de divisão de direitos e, paradoxalmente, a mais ousada. Nela, todos os recursos conseguidos com a comercialização de direitos são repartidos de forma rigorosamente igual entre todas as equipes participantes.

É um modelo radical, que, certamente, pode incomodar as equipes mais tradicionais, mas reconhece a importância do equilíbrio competitivo, tanto esportivo quanto econômico, entre as partes (equipes) como fator-chave para o fortalecimento do todo (competição).

5.5.5 Outras Alternativas

A criação de um modelo híbrido, que combine dois ou mais desses modelos de divisão de receitas, criando alternativas menos radicais e, ao mesmo tempo, mais equilibradas, ganha cada vez mais espaço, como acontece na Liga Inglesa de Futebol.

Existe, ainda, a possibilidade de parte das equipes (geralmente as mais fortes) comercializarem seus direitos individualmente, enquanto as demais formam um subgrupo para negociação coletiva. Também podem ser formados dois ou mais subgrupos, sendo cada bloco negociado separadamente.

5.6 Desenvolvimento de Pacotes de Mídia

Para a negociação dos direitos de retransmissão, costumam ser criados pacotes de Mídia, procurando atender a diferentes necessidades dos meios e veículos de Comunicação.

Gráfico 5.1 Divisão da Receita de Mídia Jogos Olímpicos 2006/08

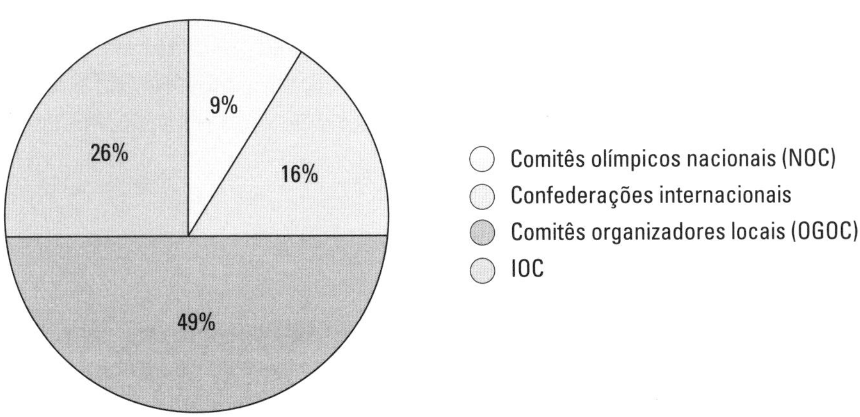

Fonte: IOC (2010).

Embora esses direitos possam ser negociados em bloco, é consenso que acordos independentes impulsionam um incremento da receita total.

Os contratos de direitos de Mídia podem ser segmentados por algumas formas básicas. Como se pode ver, existe uma fronteira tênue, ou mesmo sobreposições entre cada uma dessas variáveis. Por isso, elas devem ser combinadas estrategicamente, para aproveitar oportunidades e evitar conflitos.

A diversidade de combinações possíveis pode gerar múltiplos clientes em potencial e alta rentabilidade. Para manter a competitividade, é recomendado que todos os pacotes não sejam comercializados para um mesmo grupo de Comunicação.

5.6.1 Por Meio

A entidade esportiva pode ceder os direitos para cada diferente meio de Comunicação:

a. **TV aberta:** Televisão tradicional, com sinal aberto e gratuito para toda a população, podendo ser controlada por entidades públicas ou privadas. É o pacote mais valorizado em mercados em que predomina este modelo de transmissão, como Brasil e Itália;
b. **TV paga:** embora seja uma variação na forma de distribuição da TV tradicional, a TV paga via cabo ou satélite é reconhecida como um diferente meio de Comunicação, em que os assinantes pagam pelo acesso a um grupo de canais. Este meio é, logicamente, mais valorizado em mercados em que predomina em relação à TV aberta, como acontece no Reino Unido e nos Estados Unidos;
c. **Internet:** para transmissão de áudio ou vídeo, ou seja, englobando tanto Web TV quanto Web Radio;
d. **Rádio:** para transmitir o evento esportivo ao vivo em áudio, no que se refere à transmissão convencional, ou seja, terrestre. Como está disponível em poucos mercados, como Estados Unidos e Japão, por ora, podemos incluir neste segmento a tecnologia de transmissão via satélite, com serviço de assinaturas (Satellite Radio);
e. **Cinema:** o avanço tecnológico permite que os fãs sejam reunidos em salas de cinema, para assistir a eventos esportivos ao vivo em HD e 3D, em acordos que podem ser negociados separadamente.

5.6.2 Por Dispositivo

É possível que os pacotes sejam segmentados não apenas pelo meio de Comunicação empregado, mas pelos dispositivos utilizados pelos fãs para acessar esse conteúdo Multimídia. Porém, a convergência dos meios de Comunicação vem tornando o sistema obsoleto:

a. **Receptores fixos:** como aparelhos de Rádio e TV;
b. **Computadores pessoais:** por meio de computadores de mesa (desktops) ou portáteis (laptops);
c. **Dispositivos móveis:** como telefones celulares, smartphones e tablets.

5.6.3 Por Forma de Remuneração

A segmentação dos pacotes também pode observar a forma como os fãs são cobrados (ou não) para acessar o conteúdo. Para serem comercializados para diferentes veículos, precisam de uma diferenciação no conteúdo:

a. **Acesso gratuito:** quando não existe qualquer custo direto para o espectador. Além da TV aberta, este modelo pode ser aplicado tanto para veículos de Rádio quanto para internet, onde os anunciantes são a principal fonte de receita. O evento e as equipes são beneficiados com a exposição da marca dos patrocinadores e, eventualmente, participando das receitas com anunciantes;
b. **Assinantes:** quando o espectador é cobrado pela assinatura que dá à programação, inclusive esportiva, configurando a principal fonte de receita dos veículos. Além da TV paga, pode ser aplicada a outros meios, como internet, ou até mesmo Rádio;
c. **Pay-per-view** ("pague-para-ver"): pacote de maior valor agregado, quando os fãs pagam um valor adicional pelos eventos que desejam assistir. Neste caso, pode-se estabelecer um contrato de risco entre o detentor original dos direitos e a empresa de Mídia, que direciona um percentual da receita obtida em vendas.

5.6.4 Por Formato

O detentor dos direitos pode segmentar o conteúdo, oferecendo diferentes pacotes para diferentes clientes:

a. **Ao vivo:** normalmente, é o pacote mais valioso, que cede direitos para a transmissão simultânea à realização do evento, atraindo maior atenção do público. Pode ser subdividido pelos dias da semana em que são realizados os eventos, como acontece na NFL, com o Sunday Night Football e o Monday Night Football. Disponível para a reprodução tanto de vídeo quanto de áudio;
b. **Gravado:** pacote intermediário que dá direitos à veiculação, na íntegra, dos eventos pré-gravados, essencialmente em vídeo, em horários alternativos predeterminados. Costuma ser mais valorizado em contratos internacionais,

principalmente para mercados em que o evento ao vivo seria exibido em horários pouco atrativos para o público, devido às diferenças de fuso;

c. **Melhores momentos** (highlights): outra modalidade de vídeo gravado, que se diferencia por veicular as principais cenas editadas do evento esportivo, restrito a um tempo mais curto, em horários predeterminados, geralmente após o término do evento, adequando-se perfeitamente à plataforma móvel;
d. **Programação exclusiva:** esta possibilidade não envolve propriamente a transmissão do evento, mas a produção e a transmissão de conteúdo exclusivo, como notícias e entrevistas, sob a chancela da entidade esportiva, que se encaixa basicamente em todos os meios de Comunicação.

5.6.5 Por Fatores Demográficos

A segmentação por público-alvo respeita, principalmente, fatores sociodemográficos, sendo dois deles suficientemente objetivos:

a. **Região:** os acordos podem ser divididos regionalmente, inclusive respeitando o alcance técnico de cada veículo. No caso da web, podem ser criadas restrições controlando a praça de origem dos acessos;
b. **Língua:** embora não seja um exemplo tão comum, em alguns mercados importantes, duas ou mais línguas representam segmentos significativos. É o caso dos Estados Unidos, onde existem diferentes acordos para retransmissões em língua inglesa e espanhola.

5.7 Acordo de Direitos de Mídia

Como em qualquer contrato, o acordo para negociação dos direitos de Mídia deve incluir cláusulas que atendam a ambas as partes.

Além de questões comerciais mais óbvias, como valor e prazo, alguns outros pontos também chamam a atenção, como veremos a seguir.

5.7.1 Direitos e Deveres

Considerando que, além de gerar receita, a Mídia tem o objetivo de divulgar o evento, assim como seus atletas e parceiros comerciais, é importante que o direito de transmissão seja igualmente um dever.

Caso não seja possível prever todas as situações, deve-se estabelecer uma alternativa para garantir que a transmissão seja realizada por meio de outro veículo.

5.7.2 Produção, Direção e Distribuição

É essencial deixar claro quem terá o direito – e a obrigação – de produção (captação) e de direção (edição ao vivo) das imagens que irão ao ar. Quanto mais essas atribuições estiverem sob o controle da entidade esportiva, maior a influência sobre o conteúdo exibido, principalmente em relação à exposição dos patrocinadores.

Sabendo-se com antecedência a posição e os cortes de câmera, pode-se, inclusive, calcular os espaços mais valiosos para serem oferecidos aos patrocinadores. Por outro lado, os veículos de Mídia tendem a buscar maior autonomia. Produção e direção, juntamente com a distribuição do sinal, representam custos importantes, que podem ser objeto de negociação.

5.7.3 Prazo

A duração dos contratos pode variar muito, chegando a atravessar décadas, mas geralmente oscila entre uma e oito temporadas.

Quando o evento está maduro e o mercado estável, é natural que as partes procurem contratos mais longos, já que as entidades querem garantir e antecipar receitas, enquanto os veículos de Mídia almejam assegurar os direitos por mais tempo.

Em momentos de maior volatilidade, seja com tendência de alta ou baixa, uma das partes costuma incentivar contratos mais curtos, objetivando uma melhor negociação em um futuro próximo.

Figura 5.4 Pacotes de Mídia

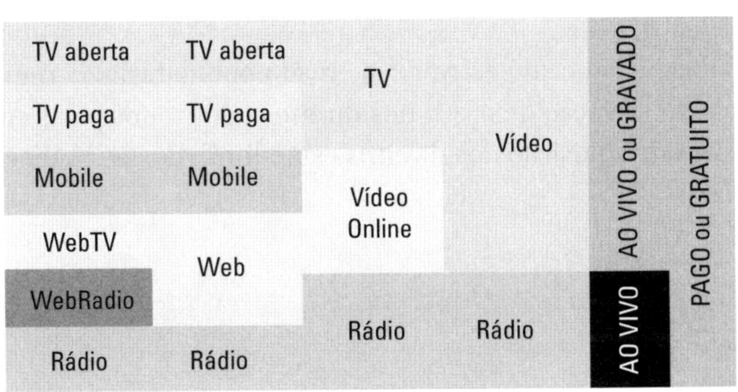

5.8 Precificação dos Direitos de Mídia

Ainda que tenha havido uma tendência de grande crescimento nas últimas décadas, a verdade é que os preços dos direitos de retransmissão são muito voláteis no longo prazo, já que são afetados por aspectos macroeconômicos e conjunturais da Indústria Esportiva.

5.8.1 Nível de Interesse do Público

O nível de interesse do público tem, sem dúvida, valor fundamental para a precificação dos direitos de Mídia, uma vez que o potencial de gerar audiência será o principal artifício para comercializar assinaturas e conquistar anunciantes. Quanto maior o interesse da população, evidentemente, maior o preço.

5.8.2 Concorrência na Mídia

Fazendo uma análise competitiva, quanto maior o número de empresas de Mídia dispostas a adquirir um determinado pacote de direitos, maior será o poder de negociação dos detentores desses direitos, pressionando os preços para cima. No cenário inverso, os preços tendem a baixar. Por isso, a estrutura da Indústria da Comunicação, em cada meio, e em cada região, é determinante.

5.8.3 Concorrência no Esporte

Seguindo o mesmo raciocínio, quanto mais conteúdo esportivo atraente estiver disponível para retransmissão ao vivo, menor será o poder de barganha dos detentores desses direitos, consequentemente, empurrando os preços para baixo. Da mesma forma, na situação inversa, os preços tendem a subir.

5.8.4 Mercado Publicitário

Quanto mais forte e aquecido estiver o mercado publicitário da região em questão, maior a tendência de elevação de preço nos direitos adquiridos pelas empresas de Mídia, já que os custos de aquisição dos direitos estão limitados ao potencial de venda de cotas publicitárias.

5.8.5 Custo Total de Aquisição

Como já vimos, para calcular o valor dos direitos de retransmissão, os grupos de Mídia certamente devem considerar o custo total, ou seja, não apenas a aquisição (A), mas também os custos de produção esportiva (Pe) e de distribuição (D).

Algumas modalidades, por suas características técnicas ou pelo ambiente de disputa, como Corridas de Aventura e Maratona Aquática, podem exigir um investimento maior em produção, o que tende a reduzir os valores pagos pelos direitos.

Da mesma forma, a transmissão internacional de eventos esportivos costuma incrementar os custos de distribuição. Pode ser abatido desse cálculo o custo de produção da programação original (Po) que ocuparia o mesmo dia e o mesmo horário.

Assim, podemos concluir que:

Custo Total de Aquisição = A + Pe + D - Po

5.8.6 Renda da População

Considerando o modelo pago, de assinaturas ou pay-per-view, a distribuição de renda da população impacta sobre o montante que os fãs estão dispostos a pagar para assistir aos eventos, o que afeta, direta ou indiretamente, o valor desses direitos.

Ainda assim, o nível de interesse da população em um determinado evento será um ponto fundamental para determinar o nível de prioridade na aquisição desses pacotes.

5.8.7 Data e Horário do Evento

O período, o dia da semana e o horário do evento esportivo também influem diretamente no preço.

Por um lado, eventos que acontecem em horários mais nobres, com maior potencial de audiência, teoricamente apresentarão valor superior. Por outro, no caso da TV, eventos que coincidem com programas de grande audiência podem levar ao desinteresse das emissoras, que preferem não comprometer a sua grade de programação.

A conclusão é que o potencial de aumento de participação na audiência, comparando a audiência atual com o potencial do evento, irá influir no valor percebido para cada veículo de Comunicação.

Repartindo o Bolo Inglês

O modelo de divisão de receitas da Premier League, primeira divisão do Futebol inglês, proveniente da negociação de direitos de retransmissão, é bastante complexo.

Porém, é um modelo altamente reconhecido, pois combina aspectos comerciais e esportivos, chegando a uma composição muito coerente:

- 25% da receita são divididos de acordo com o desempenho dos clubes na Liga. Ainda que privilegie, de certa forma, os maiores clubes, qualquer equipe participante tem o potencial teórico de fazer valer seus investimentos, principalmente em atletas, desde que gerem resultados em campo. Em linhas gerais, cada equipe tem direito a 0,5% do rateio, além de mais 0,5% a cada posição que ganhar na classificação final. Desse modo, a proporção entre o campeão e o último colocado é de 10:1;
- 50% da receita doméstica são repartidos igualmente entre os 20 clubes. Esta face do modelo acredita que manter a liga forte e, dentro do possível, equilibrada do ponto de vista esportivo, trará benefícios indiretos a todos;
- 25% da receita são divididos de acordo com a frequência que cada integrante da liga tem seus jogos transmitidos. Sem dúvida, a intenção é premiar os clubes com maior torcida, os quais, certamente, são os maiores responsáveis pelas grandes audiências. Contudo, é atribuída uma taxa fixa por jogo, mas cada equipe receberá por um número mínimo de 10 eventos, independentemente do cenário efetivo. Dessa forma, a variação máxima entre os clubes foi de 1:2.4 na temporada 2010/2011.

As receitas vindas de direitos internacionais são divididas igualmente entre os clubes. Isso significa dizer que o clube que retém a maior receita não costuma chegar a arrecadar o dobro do valor em comparação ao menor beneficiário. Ao final da temporada 2010/2011, essa proporção ficou em apenas 1:1.5, a menor entre as principais ligas europeias.

O modelo adotado pela Premier League pode ser questionado e, provavelmente, não ser justo em todas as situações, mas é um ingrediente indispensável na receita de um dos maiores negócios esportivos do mundo.

Figura 5.5 Rateio de Direitos de TV nas Principais Ligas de Futebol do Mundo

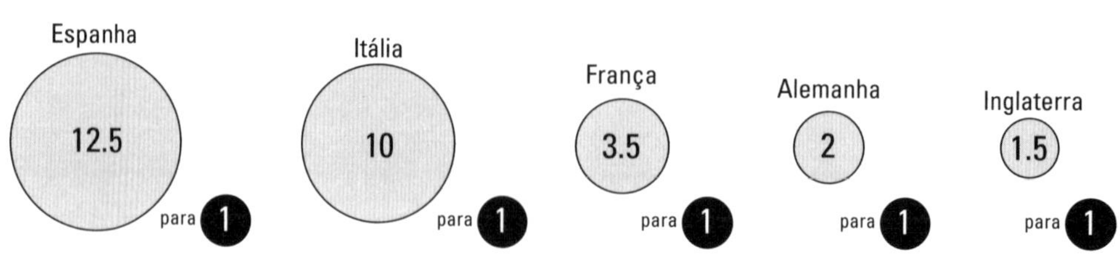

Fonte: GMC (The Guardian, 2011).

5.9 Estratégias de Controle de Mídia

Cabe, tanto às entidades esportivas quanto aos veículos de Mídia, mensurar resultados quantitativos e qualitativos das transmissões. Nesse sentido, a pesquisa de alguns pontos é fundamental tanto para o aprimoramento técnico quanto comercial.

5.9.1 Audiência

a. **Quantidade:** total de espectadores, pontuação e share (participação) de audiência geral e por região;
b. **Perfil da audiência:** sexo, faixa etária, renda e hábitos de consumo.

5.9.2 Nível de Satisfação dos Fãs

a. **Qualidade percebida da produção:** narração, comentários, reportagens, ângulos de câmera, replays, efeitos especiais e nível de interatividade;
b. **Qualidade percebida do sinal:** definição de som e de imagem;
c. **Qualidade percebida do conteúdo:** desempenho das equipes e atletas;
d. **Nível de cobertura do evento:** tempo de conteúdo disponibilizado;
e. **Custo de aquisição:** quando houver cobrança, em comparação ao benefício obtido.

5.9.3 Satisfação dos Patrocinadores

a. **Nível de exposição dos patrocinadores:** tempo, valor equivalente em Publicidade e participação por meio e por propriedade de patrocínio, ao vivo ou gravado;
b. **Qualidade percebida do conteúdo:** desempenho das equipes e dos atletas na visão dos anunciantes;
c. **Custo de aquisição do espaço:** em comparação ao benefício obtido.

Empreendedorismo Extremo

No final dos anos de 1990, aos 24 anos de idade, um empreendedor de capacidade até então duvidosa, chamado Al Goslin, decidiu colocar em prática o sonho de um canal exclusivo para os Esportes radicais, como Skate, Surfe e Snowboard, com 24 horas de transmissão, sete dias por semana.

Como ter um canal de TV era um sonho impossível naquele momento, Goslin apostou no crescimento promissor da internet como oportunidade para concretizar o projeto.

A ideia inovadora de explorar esse nicho, disponibilizando o conteúdo dos eventos em tempo real, por meio da então recente e pouco difundida tecnologia de "video streaming", era consideravelmente arriscada.

Mesmo reconhecendo o risco, inerente tanto ao Esporte quanto ao mundo da Mídia, Goslin confiou na absoluta diferenciação do canal e na paixão por Esportes radicais compartilhada por sua equipe.

Mais do que uma oportunidade para o jovem empresário, o canal apresentou-se como única alternativa viável de Mídia para o desenvolvimento dessas modalidades menos atrativas para a Mídia tradicional e um marco para a liberdade de escolha de milhões de fãs, cuja busca por adrenalina coincide com a rápida adoção de novas tecnologias.

Depois do início com sucesso realmente radical, o negócio chamou a atenção de um grupo de Mídia, que assumiu o controle da companhia e disponibilizou o conteúdo do canal na TV a cabo.

Hoje, o Extreme Sports Channel é transmitido para mais de 50 países, em 12 línguas diferentes. Seu fundador, depois de dedicar-se ao fortalecimento da marca e à sua expansão para outros negócios, que incluem uma rede lojas de roupas, bar, hotel e até um parque temático, transformou-se em um verdadeiro mito do empreendedorismo, viajando o mundo como um guru da administração contemporânea.

Capítulo 6

Arenas Esportivas

Como sabemos, as arenas são um elemento fundamental do Marketing Esportivo, principalmente para a geração de receita nos dias de competição. Mais do que isso, os benefícios diretos e indiretos de arenas que atendam às expectativas dos clientes costumam impulsionar melhores resultados esportivos.

Estão enquadrados no conceito de arena estádios para Esportes outdoor, ginásios cobertos e autódromos, ou mesmo arenas itinerantes, montadas em praias, ruas ou parques.

As arenas podem ser de propriedade do Poder Público, de investidores privados ou das próprias entidades esportivas. Conforme o caso, será diferente o impacto sobre as receitas das entidades esportivas. Por isso, para facilitar o entendimento, este capítulo está dividido em duas partes. A primeira trata do planejamento e da concepção das arenas, enquanto a segunda discute a sua exploração em dias de competição.

Estudos indicam que uma arena esportiva nova (ou remodelada) costuma aumentar a presença de público na ordem de 30 a 60%, efeito que pode perdurar por pouco mais de uma década. Portanto, podemos concluir que a experiência percebida e a consequente satisfação dos espectadores não dependem totalmente do resultado esportivo. Algo semelhante acontece com as receitas comerciais. Naturalmente, esse efeito varia de acordo com as condições da arena anterior e do nível do novo empreendimento.

6.1 Objetivos das Arenas Esportivas

6.1.1 Fins Estratégicos

Orientada pelos conceitos básicos de Marketing, a arena esportiva poderia ser enquadrada no mix de Marketing como Distribuição. Em outras palavras, seria uma forma consagrada de entrega do produto, ou melhor, do evento esportivo, para os fãs.

Por outro ângulo, a administração de arenas esportivas deve ser vista com uma unidade de negócio à parte, com objetivos, estratégias e fluxo de caixa independentes, e, por que não dizer, seu próprio composto de Marketing.

De ambas as formas, significa dizer que as arenas são engrenagens fundamentais para o Processo de Marketing Esportivo e para a gestão dos ativos de Marketing de entidades e eventos esportivos.

Podemos considerar como aspectos estratégicos aqueles benefícios de valor subjetivo, os quais representam os ganhos indiretos das arenas esportivas, como veremos a seguir:

- **Formação de Torcedores**

  Como vimos nos capítulos anteriores, o tamanho da base de torcedores influenciará diretamente o potencial de receitas de Marketing do Esporte. No caso das arenas esportivas, não poderia ser diferente.

  Mas, curiosamente, os espaços onde são realizados os eventos esportivos também influenciam o tamanho da base de fãs. Fatores como o orgulho por parte dos fãs e o nível de experiência proporcionado pelas arenas esportivas são fundamentais na quantidade e na lealdade dos seguidores de uma determinada equipe, modalidade ou evento.

- **Ganhos à Imagem Percebida**

  Uma das principais funções da Distribuição é agregar valor, já que o consumidor tem diferentes percepções sobre um mesmo produto e marca ofertados em pontos de venda melhor conceituados. Portanto, as arenas afetam o valor percebido do evento e das marcas envolvidas (equipes, patrocinadores, Mídia).

  Vale notar que as arenas esportivas são ícones não apenas diante dos fãs, mas, igualmente, diante da sociedade, da imprensa e do mercado corporativo. Com isso, atendem aos interesses de investidores privados ou públicos.

- **Relacionamento**

  As arenas são o ambiente ideal para manter o relacionamento com os principais envolvidos com o Esporte, ou seja, torcedores, patrocinadores, clientes, investidores, Poder Público e Mídia.

Sendo assim, o nível de hospitalidade pode ser decisivo na captação e na manutenção de parceiros comerciais. Além disso, a gestão apropriada de espaços corporativos é uma peça-chave do sucesso econômico das arenas.

6.1.2 Fins Comerciais

Chamaremos de fins comerciais aqueles capazes de gerar renda para o proprietário ou o gestor de uma arena esportiva. O objeto central deste estudo serão as receitas geradas nos dias de competição, por meio da estrutura necessária para impulsioná-las.

A geração de receita é um dos objetivos fundamentais para os gestores de arenas, principalmente quando elas pertencem a investidores privados. Mas também atende às necessidades de financiar as entidades esportivas e de cobrir os custos de manutenção com o Poder Público.

Parte I – Concepção de Arenas Esportivas

Como o universo é muito amplo, o foco, nesta análise, serão arenas no formato consagrado desde a Grécia e Roma Antiga, ou seja, estádios e ginásios esportivos fixos, em formato de anfiteatro, onde o público coloca-se em torno do campo de disputa, acomodado em arquibancadas.

Esse conceito aplica-se à maioria das modalidades esportivas e pode ser expandido, em boa parte, para outros formatos de arenas fixas e itinerantes.

- **Arenas Multiuso**

  Não obstante o sufixo multiuso seja amplamente atribuído a arenas contemporâneas, é importante entender do que realmente se trata. Conceitualmente, arenas multiuso são aquelas que atendem confortavelmente a eventos de outras naturezas, como concertos musicais, além de competições esportivas.

  Embora haja uma preocupação constante com a subutilização das arenas, os custos para enquadrar-se ao conceito multiuso encarecem o projeto da arena e o retorno é incerto, uma vez que grande parte das receitas de eventos não esportivos costuma ficar para os seus promotores.

  Não podemos nos esquecer de que o motivo principal para a existência desses espaços são os eventos esportivos. Consequentemente, sua principal fonte de recursos são os dias de competição. Sendo assim, os esforços arquitetônicos e os recursos financeiros devem ser direcionados nesse sentido.

Da qualquer forma, podem ser estudados usos alternativos da arena, no caso de eventos musicais e religiosos, sem que haja prejuízo dos objetivos iniciais, seja na construção, na manutenção ou na utilização desse espaço.

Como veremos, muito da infraestrutura também pode ser aproveitada para atrair visitantes diariamente, gerando receita adicional. Outra tendência que iremos observar é o aproveitamento da estrutura da arena para a incorporação de residências, prédios comerciais e hotéis em seu entorno, servindo, inclusive, como financiamento da obra.

Algumas arenas, ainda, são concebidas para receber mais de uma modalidade esportiva, otimizando sua utilização e sua capacidade de gerar receitas.

- **Arenas Sustentáveis**

Já que consideramos a importância estratégica e econômica das arenas, não podemos deixar de analisar uma tendência cada vez mais forte em todos os setores empresariais: a sustentabilidade.

O conceito de arenas verdes atende não apenas aos apelos do planeta e da sociedade, contribuindo para a reputação das entidades envolvidas, como também representa uma ferramenta essencial para reduzir os custos de manutenção, viabilizando a sustentabilidade econômica do empreendimento. Além disso, tais arenas tornam-se um exemplo de conduta, sobretudo para os fãs.

A localização da arena poderá determinar a oferta e a demanda por eventos esportivos, evitando o desperdício de recursos naturais e financeiros. Esse trabalho começa desde a concepção do projeto, considerando seus impactos ambientais, sociais e econômicos.

Já na fase de construção, devem ser observados indicadores de sustentabilidade, como a origem dos insumos e os impactos para produzi-los e transportá-los, o aproveitamento de material e o descarte de resíduos, ou mesmo a geração de emprego na comunidade local.

Durante o período de exploração da arena, sistemas desenvolvidos para a redução do consumo de água e energia, como aproveitamento de águas pluviais e geração de energia solar, além da reciclagem do lixo gerado pelos eventos irão reduzir o impacto ambiental, diminuir os custos e, até mesmo, gerar receita.

A disponibilidade de transporte público desde as áreas mais populosas também contribui com o clima do planeta, já que impacta na redução de emissões de gases causadores do efeito estufa.

No caso de espaços concebidos especialmente para grandes eventos esportivos pontuais, as arenas e seus arredores devem ser pensados para atender, principalmente, ao uso pós-evento, o chamado design reverso, utilizado, por exemplo, no projeto do parque olímpico dos Jogos de Londres 2012. Nesse conceito, os espaços são concebidos para atender às décadas de utilização após o acontecimento principal, em vez de priorizar poucos dias de competição. Sendo assim, as arenas seriam, de certa forma, adaptadas temporariamente para a demanda do evento, o contrário do que estamos acostumados a ver.

6.2 Decisão sobre a Localização

O sucesso na concepção de uma arena esportiva costuma variar em função de algumas tomadas de decisão fundamentais.

A decisão sobre o local ideal para a construção de uma arena esportiva, como de qualquer outro ponto de venda, tem impacto direto – positivo ou negativo – sobre as suas receitas comerciais.

6.2.1 Clima e Relevo

Como vimos nos capítulos iniciais, o clima e o relevo de uma região têm influência direta sobre a vocação para determinadas modalidades esportivas.

Da mesma forma, as condições climáticas que privilegiem a prática de uma modalidade deverão influir na decisão sobre a localização da arena, como no caso de Esportes que dependam diretamente do ambiente natural, como Esqui na Neve.

6.2.2 Aspectos Sociodemográficos

Analisar os aspectos socioeconômicos de uma determinada região é uma consideração inicial na escolha do local para instalar uma arena esportiva. O tamanho da população, a idade e a renda terão grande peso sobre os resultados econômicos e sociais.

Como a maior frequência de espectadores estará, de uma forma ou de outra, relacionada à distância a ser percorrida para o evento, a localização terá influência sobre o perfil demográfico dos mesmos.

Já vimos que os clientes corporativos costumam ser peças-chave do financiamento dos estádios. Desse modo, a proximidade de polos financeiros, comerciais e industriais ganha importância.

6.2.3 Envolvimento com o Esporte

Não há dúvidas de que a arena deve estar localizada estrategicamente para facilitar o acesso do seu público-alvo.

A vocação da região para o Esporte e para determinada modalidade é essencial para essa complexa tomada de decisão.

6.2.4 Urbanização

A arena pode representar um ícone da arquitetura local, o que dá importância à paisagem urbana em que está inserida. Além disso, o projeto pode ser um importante catalisador para shopping centers, escritórios ou mesmo áreas residenciais, podendo se transformar em uma excelente oportunidade para os seus proprietários.

Muitas vezes, o projeto de arena esportiva impulsiona o crescimento ou a revitalização da vizinhança, até mesmo criando novas comunidades, de modo que é conveniente que seja incentivado de forma planejada, com apoio e anuência do Poder Público.

6.2.5 Transporte

A disponibilidade de transporte público em abundância é outro fator decisivo na tomada de decisão sobre a localização da arena, tanto para atrair eventos com maiores taxas de ocupação quanto por uma questão de sustentabilidade.

Quando não for possível construir a arena nas proximidades da região central, é essencial receber apoio do Poder Público para facilitar o acesso dos torcedores.

Longe de ser o modelo ideal, a verdade é que muitos espectadores preferem comparecer aos eventos esportivos com os seus carros de passeio. Ademais, para alguns fornecedores, delegações e clientes, não há outra alternativa a não ser o uso de veículos comerciais. Por isso, a disponibilidade de vias de rolamento suficientes para escoar a chegada e a saída do público é igualmente fundamental.

6.2.6 Concorrência

Como em qualquer atividade comercial, o estudo sobre a concorrência não pode ser esquecido.

De alguma forma, a expectativa e a satisfação dos torcedores levarão em conta a presença ou não de espaços semelhantes na região.

Quando se trata de arenas públicas ou privadas sem um inquilino predeterminado, a cessão de seu uso estará em disputa com os eventuais espaços semelhantes, provavelmente em um raio menor que 100 km.

6.2.7 Retorno sobre o Investimento

Por óbvio, existe um importante aspecto econômico a ser observado. Inevitavelmente, devido à grande área desocupada necessária para a construção de uma arena e à valorização constante do mercado imobiliário, os espaços considerados ideais do ponto de vista comercial nem sempre se mostram viáveis economicamente.

Sendo assim, é necessário um estudo complexo de custos e de potenciais receitas para atingir a melhor taxa de retorno sobre o investimento.

6.3 Decisão sobre a Capacidade

Como em qualquer outro negócio, a previsão de demanda é um aspecto crítico e complexo na concepção de arenas esportivas. É preciso conhecer o público e o mercado corporativo, criando o projeto de acordo com as suas necessidades e desejos.

Uma boa alternativa é recorrer ao estudo de projetos e cenários semelhantes. Na dúvida, a tomada de decisão deve privilegiar o conservadorismo, considerando a média de público esperada, em lugar das situações de pico.

Dessa forma, privilegia-se uma taxa de ocupação maior (preferencialmente acima de 70%), ainda que alguns fãs possam ficar frustrados ao não conseguirem acesso. Haveria, assim, uma valorização dos tíquetes e a atmosfera vibrante empolgaria a plateia, os atletas e os parceiros comerciais.

Por outro lado, uma arena superdimensionada resulta em desperdício de recursos material e naturais, a atmosfera de competição fica prejudicada, e são gerados custos de manutenção desnecessários, tornando-se pouco sustentável economicamente.

De acordo com a modalidade esportiva e a localização, a demanda pode variar consideravelmente. Por outro lado, algumas competições podem exigir um número mínimo de assentos, o que, naturalmente, deve ser levado em consideração nesta análise, para que oportunidades não sejam perdidas.

Esse pensamento vale principalmente para arenas fixas, mas pode ser facilmente adaptado para arenas itinerantes. Em determinadas situações, pode também ocorrer a instalação de arquibancadas removíveis para atender temporariamente à demanda de uma arena fixa.

6.4 Decisão sobre o Formato

O desenho da arena deve observar, ao mesmo tempo, estética, funcionalidade e aspectos mercadológicos. Como veremos, a satisfação está intimamente ligada a três sentidos básicos do ser humano: visão, audição e tato.

Portanto, destacamos quatro elementos fundamentais que determinam a satisfação dos torcedores que comparecem a eventos, em especial, a arenas esportivas, aos quais daremos o nome de "Efeito Hola", uma alusão à energia gerada pelas ondas criadas pelos braços dos fãs, erguidos em sequência, considerando a força desse conjunto e a reação em cadeia que gera em termos de atratividade e rentabilidade.

Figura 6.1 Efeito "Hola"

6.4.1 Estética

A arquitetura das arenas esportivas, do ponto de vista puramente estético, interfere na paisagem urbana, além de ser um importante fator para aguçar a curiosidade dos fãs, ou seja, um grande atrativo, sobretudo na primeira experiência de consumo. Por isso existe o desejo de criar projetos cada vez mais ousados e criativos.

Porém, passado o primeiro impacto, outros fatores irão influenciar a satisfação pós-compra dos fãs e dos clientes corporativos que se utilizam de uma arena esportiva, aumentando a frequência de uso e afetando diretamente a sua capacidade de gerar receita em dias de competição ao longo dos anos.

Consequentemente, o conceito mais amplo de design, considerando também a funcionalidade da arena, é determinante para atingir o nível de serviço esperado, como veremos a seguir.

6.4.2 Conforto

O conforto das arenas esportivas influencia o interesse de grande parte dos fãs por eventos esportivos ao vivo.

O fator conforto pode ser observado desde o momento em que o fã sai de sua casa ou trabalho em direção à arena, até a sua volta ao lar. Trata-se de uma questão um tanto quanto complexa, uma vez que vários pontos são fundamentais para atender à expectativa dos fãs.

Todos esses aspectos devem ser pensados para receber, também, portadores de necessidades especiais.

- **Acesso**

  A facilidade encontrada nas rotas de chegada e de saída das arenas é um fator fundamental para o conforto e a sensação de segurança dos fãs. Dois pontos básicos devem ser observados:

  a. **Proximidade:** Como já vimos, a proximidade do evento esportivo de onde está localizada a maioria dos fãs é essencial para atender às expectativas dos mesmos. Ao mesmo tempo, os eventos em regiões centrais podem causar problemas para toda a população.
  No caso de arenas fixas, não há muito o que ser feito depois do estádio pronto, mas, para a instalação de arenas novas ou itinerantes, este aspecto pode e deve ser considerado.

  b. **Transporte:** Na verdade, a experiência dos fãs está ligada a uma equação entre proximidade e transporte. Afinal, o essencial não é a menor distância percorrida, e sim o menor tempo, com o mínimo de transtornos.
  Nesse sentido, os gestores esportivos podem acessar os governos na tentativa de encontrar as melhores soluções de transporte público. Para grandes eventos, o Poder Público deve criar operações especiais, aumentando a disponibilidade e diminuindo os intervalos nos terminais de ônibus e nas estações de trem.
  O acesso ao transporte público é essencial para evitar que a maioria dos fãs se utilize de automóveis, congestionando o tráfego e aumentando o impacto ambiental. Como o uso de veículos particulares não pode ser totalmente evitado, os gestores dos eventos e das arenas devem incentivar as autoridades de Trânsito a criar operações especiais, como a criação de faixas de rolamento exclusivas ou a reversão do fluxo nos horários de chegada e de saída dos fãs.

- **Admissão**

  Em arenas de médio e grande portes, principalmente, a admissão dos fãs é outro ponto fundamental.

A evolução tecnológica permite o uso de catracas eletrônicas, cada vez mais sofisticadas, aprimorando o processo em termos de agilidade na coleta de ingresso e no fluxo dos fãs, além da segurança de dados, o que pode evitar evasões de renda e, ao mesmo tempo, suportar ações de relacionamento.

Como veremos mais adiante, a tecnologia disponível já permite dispensar até mesmo o uso de tíquetes em papel, substituídos pelas telas dos dispositivos móveis.

- **Segmentação**

A segmentação de mercado é uma valiosa ferramenta de Marketing Estratégico, na definição do público-alvo e no posicionamento de marcas e produtos.

Porém, quando se trata de arenas esportivas, o termo segmentação está igualmente relacionado à divisão de setores (grupos de assentos), de modo a atender diferentes grupos (segmentos) de fãs, com expectativas e disponibilidade de recursos distintas.

A arena esportiva contemporânea deve ser dividida em uma grande variedade de setores, de acordo com a visibilidade, o conforto, a exclusividade e os serviços agregados proporcionados. Em uma arena de grande porte, a segmentação pode originar – acredite – centenas de setores.

Um cuidado importante é reconhecer que, pelo fato de um determinado grupo de fãs estar disposto a pagar mais por uma oferta maior de valor, não se pode comprometer conforto e visibilidade básicos dos demais espectadores.

- **Acomodação**

a. **Torcedores:** As arquibancadas devem ser projetadas de forma a manter o espectador sentado confortavelmente por horas. São altamente recomendados assentos ou poltronas individuais, nos quais a largura, a ergonomia e o espaçamento lateral garantam o conforto e a privacidade dos fãs.
Embora esta seja uma commodity nas arenas modernas, a antiga prática de arquibancadas contínuas, e até mesmo a acomodação precária de torcedores em pé, ainda resiste em alguns países, como o Brasil. Mas, além dos fãs convencionais, a arena deve ser projetada para atender a outros públicos envolvidos com o evento.

b. **Público Corporativo:** Os camarotes, geralmente para quatro a 50 convidados, focados no público corporativo, têm o objetivo de oferecer uma experiência diferenciada para grupos mais exigentes, além de maior valor agregado para os eventos, ou seja, maior rentabilidade.
Em uma mesma arena, os camarotes costumam ser segmentados, oferecendo diferentes níveis de sofisticação.

c. **Atletas:** Seja considerando os atletas como clientes ou importantes fornecedores, a verdade é que a estrutura dedicada a eles, como vestiários e área de convivência, pode interferir no desempenho esportivo e afetar a imagem percebida da arena e dos organizadores do evento.

d. **Imprensa:** Não é apenas a satisfação dos espectadores que deve ser observada. As condições de trabalho da imprensa impulsionarão a presença dos mesmos e a consequente promoção do espetáculo.

   As cabines de transmissão e as salas de imprensa e de entrevistas devem estar preparadas para receber, confortavelmente, profissionais de TV, Rádio, Mídia impressa e internet.

- **Circulação**

Como os eventos esportivos costumam ter horário marcado para início e fim, assim como para os intervalos, o grande fluxo de pessoas em um curto espaço de tempo exige medidas preventivas para evitar situações indesejáveis que afetam a percepção de conforto e segurança.

O acesso aos assentos, lanchonetes e toaletes, por meio de rampas e corredores amplos e bem sinalizados, é essencial. Fileiras intermináveis dificultam o acesso aos assentos, bem como a circulação de fãs e de vendedores ambulantes entre os setores, limitando receitas adicionais, como alimentação. Da mesma forma, provocam desconforto aos demais espectadores que estejam focados na competição esportiva, afetando a visibilidade. Esse pode ser um importante indicador de conforto nas arenas.

Considerando as arenas mais modernas e recentes do mundo, pode-se dizer que 20 a 30 assentos por fileira seja um número ótimo para os setores básicos (nunca passando de 80), reduzindo-se gradativamente, conforme o nível de sofisticação de cada setor, chegando ao mínimo de cinco a 10 cadeiras por fileira nos setores mais exclusivos. Cada seção de assentos deve ser dividida por corredores laterais.

O uso de assentos escamoteáveis favorece o fluxo de pessoas no sentido horizontal, permitindo acesso confortável a toaletes e bares, mesmo durante a competição. Segundo recomendações da FIFA (2009), a distância mínima para a circulação entre uma fileira e outra, imediatamente à frente, é de 40 cm.

Um estudo recente investigou os motivos que levavam aos tumultos na chegada e saída do público em uma determinada arena esportiva, no Reino Unido (REVISTA PAN STADIA, 2008-2009). Chegou-se à conclusão de que o congestionamento de torcedores era multiplicado pela predominância de corredores estreitos e pela baixa disponibilidade de facilidades dentro da arena, como lanchonetes e toaletes de bom nível. Esses problemas, sem aparente relação direta com a questão, diminuíam o tempo de permanência dos fãs em dias de jogos,

Figura 6.2 Diagrama de Assentos Citi Field

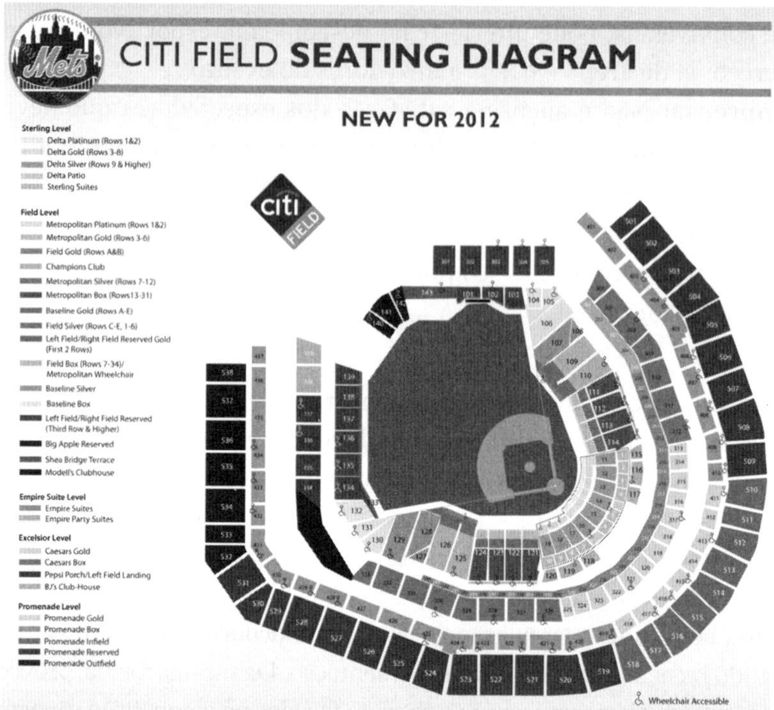

Fonte: New York Mets (2012).

ocasionando as aglomerações. Para piorar, ainda inibiam a geração de receitas com a comercialização de produtos e serviços adicionais.

Como fatores-chave para resolver boa parte da questão da circulação nas arenas, podemos citar:

a. Disponibilizar um grande número de acessos, delimitando setores e subsetores;
b. Manter funcionários treinados para orientar o público;
c. Desenvolver facilidades e atrações que mantenham os fãs por mais tempo na arena;
d. Projetar corredores amplos, capazes de absorver, com conforto e segurança, o grande fluxo de pessoas.

- **Sinalização**

  A identificação numérica dos assentos e a sinalização clara de setores e fileiras facilitam a mobilidade do público e podem ditar o fluxo de pessoas antes, durante e depois do evento. O mesmo vale para a indicação de toaletes, lanchonetes e outros serviços.

- **Climatização**

  O controle de temperatura – refrigeração ou aquecimento – e de umidade também pode ser um atrativo determinante, principalmente nas arenas totalmente cobertas e em regiões de clima extremo.

  A instalação de coberturas fixas ou retráteis, para proteger os fãs das chuvas, ventos e raios solares, afeta diretamente a sensação de conforto.

- **Segurança**

  Ainda que não seja a prioridade de todos os fãs, a segurança é um dos fatores que impulsionam a presença de público em eventos esportivos.

  A arena deve ser percebida sob o conceito de casulo, um ambiente protegido para atletas e fãs, distanciando-os da insegurança do dia a dia.

  Mesmo assim, não vamos nos aprofundar no aspecto da segurança em termos logísticos, ou mesmo legais. Nosso interesse é compreender como tomadas de decisão na concepção de arenas esportivas influenciam a percepção de segurança dos fãs, um fator definitivamente mercadológico.

O modelo de satisfação de Kano nos ajuda a entender esse processo que se passa na mente do consumidor. Enquanto o conforto é tratado como um requisito básico, resultando em um sentimento neutro, a atmosfera se encaixa nos fatores que geram excitação, alcançando altos níveis de satisfação.

Figura 6.3 Modelo de Kano (1984)

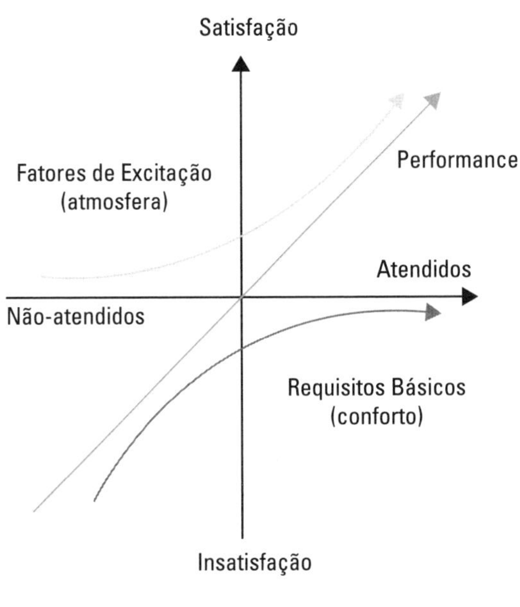

Fonte: Wikipédia (2011).

6.4.3 Atmosfera

A busca por comodidade faz parte da natureza do ser humano, mas não representa, necessariamente, uma sensação de prazer. Quando contrapõe uma situação de desconforto, o conforto traz uma satisfação momentânea.

Contudo, conforto e segurança não são as melhores palavras para descrever o que os fãs do Esporte buscam verdadeiramente quando comparecem a um evento ao vivo. Eles querem emoção, excitação, ou seja, uma boa dose de satisfação.

Finalmente, chegamos ao terceiro pilar, um fator realmente capaz de estimular altos níveis de satisfação por parte dos fãs, o qual chamamos de Atmosfera.

Em muitos casos, os fãs atribuem fatores inexplicáveis, quase sobrenaturais, para descrever sua preferência por uma determinada arena. De fato, medir objetivamente a atmosfera de uma arena é uma missão quase impossível, porém, podemos trabalhar alguns pontos objetivos que interferem na experiência dos fãs.

Dois fatores são essenciais para aguçar os sentidos dos fãs, criando a atmosfera desejada: visibilidade e acústica. Entretanto, não vamos explorar os aspectos arquitetônicos que estimulam os sentidos, apenas ressaltar sua importância mercadológica para os projetos.

- **Visibilização**

  Sem dúvida, tornar o evento esportivo visível é muito relevante para incrementar a experiência dos fãs nas arenas.

  Ainda que pareça óbvio, grande parte dos projetos de arenas esportivas encontra dificuldade em reconhecer o interesse individual de cada espectador, oferecendo locais – ainda que poucos – distantes da disputa esportiva, ou mesmo pontos cegos para assistir ao evento.

  a. **Proximidade da Área de Competição:** Os fãs desejam estar próximos de seus ídolos. Dessa maneira, podem observar em detalhes o desempenho dos atletas e aguçar o sentido da visão.
     O projeto da arena esportiva deve privilegiar esse desejo dos torcedores, garantindo o maior número possível de espectadores próximos à disputa, deixando os demais a uma distância suficiente para sentirem as emoções dessa experiência. Afinal, é esse motivo que move as pessoas mundo afora, saindo do conforto das salas de TV.
     Obviamente, a proximidade dos fãs deve respeitar um limite que garanta a segurança de atletas e dos próprios torcedores, além de, é claro, não atrapalhar a realização da competição.

Figura 6.4 Visibilização

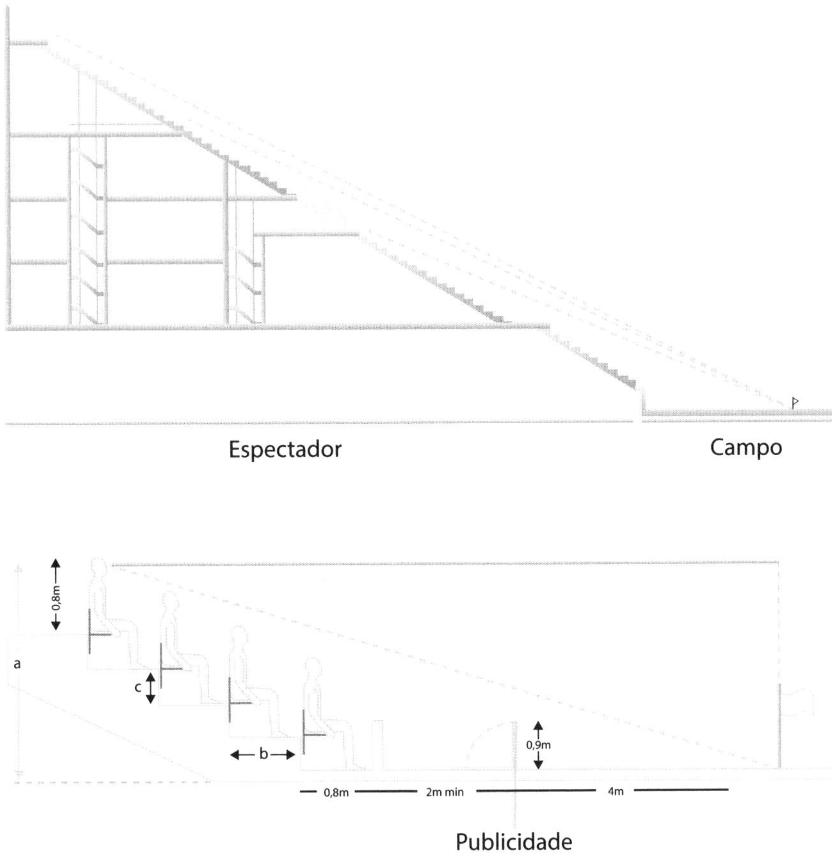

b. Redução do Nível de Ruído: O ângulo de visão dos fãs deve permitir acompanhar cada momento da competição, com o mínimo de interferência de placares eletrônicos, monitores de vídeo, grades de proteção, ou mesmo dos fãs acomodados na fileira à frente, o que a Teoria da Comunicação chama de "ruído".

Qualquer interferência, mesmo que não impeça a visualização da disputa, pode distrair os espectadores, quebrando o vínculo emocional com o evento.

Uma ideia muita criativa e responsável é disponibilizar para deficientes visuais assentos localizados em locais com pouca ou nenhuma visibilidade.

c. Percepção de Coletividade: Outro ponto importante é a visualização dos demais fãs. Dentro do possível, cada torcedor deve enxergar todos os demais, estimulando a sensação de coletividade e permitindo que todo o grupo compartilhe, multiplique e contagie-se com as mesmas emoções.

Figura 6.5 Padrões de Visibilização

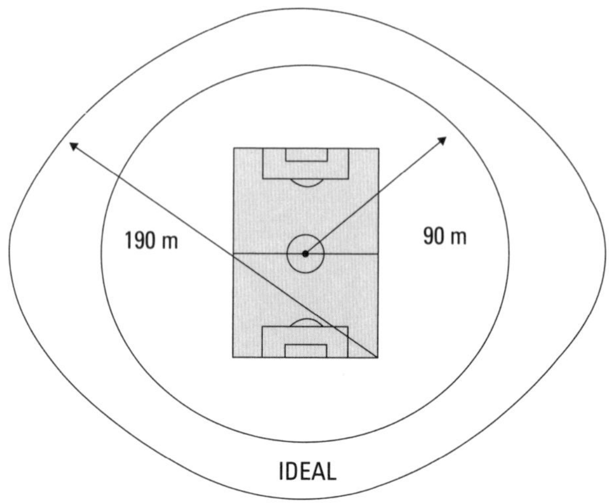

d. **Iluminação:** A iluminação da arena deve ser pensada para garantir a melhor visualização do perímetro de competição, valorizando os atletas e o espetáculo.

e. **Visibilização Eletrônica:** A tecnologia vem sendo utilizada para aprimorar a visibilidade dos fãs, por meio da instalação de monitores de TV e de telas de grandes formatos, evoluindo a cada dia, em termos de qualidade de imagem.

Para os padrões sugeridos pela FIFA (2009), a distância máxima para o campo de jogo não deve passar de 190 metros lineares. Em partidas de Tênis, recomenda-se o máximo de 41 metros desde o assento até o canto extremo oposto da quadra (GERAINT; SHEAARD; VICKERY, 1994).

- **Audibilização**

Sem dúvida, audibilização (ato de tornar audível) e visibilização andam juntas. Dependendo da modalidade, os sons do jogo podem ser mais importantes que o som da torcida.

De qualquer forma, essa sonorização natural tem um efeito muito semelhante, do ponto de vista dos fãs, ao que acontece com as trilhas sonoras do Cinema.

Mas esse tipo de preferência pode variar de uma modalidade esportiva para outra. Nos Esportes a motor, por exemplo, o ronco dos motores é o principal combustível dos fãs. Já na maioria das modalidades coletivas, o som vindo das arquibancadas, como suspiros, aplausos, comemorações e cantorias, é tão importante que interfere na motivação e no desempenho dos atletas, tornando relevante a reverberação dos fãs.

Por outro lado, nas partidas de Tênis, o swing das raquetes e a respiração intensa dos atletas são alguns dos principais atrativos, em detrimento do ruído dos fãs. Além disso, o silêncio também é fundamental para a concentração dos esportistas. Sendo assim, esses projetos devem privilegiar o isolamento acústico.

a. **Acústica:** O projeto da cobertura da arena, além de sua função elementar de proteção climática, afeta diretamente a reverberação do som.
   No caso de abrigar concertos musicais, existe também a preocupação de encontrar a acústica perfeita para não incomodar a vizinhança.
b. **Sonorização:** A sonorização artificial de arenas esportivas por meio de caixas acústicas torna-se cada vez mais atraente a partir da tecnologia de som digital de alta definição.
   Especialistas devem dimensionar o sistema de som adequado e a localização ideal das caixas, buscando um som claro, de boa qualidade, no volume adequado.

6.4.4 Infraestrutura

Outro pilar que sustenta o sucesso da arena refere-se à infraestrutura necessária para atender às expectativas dos torcedores e de outros clientes, gerando receita adicional em dias de eventos.

- **Lanchonetes, Bares e Restaurantes**
  Para atender à demanda dos fãs e dos organizadores de eventos, as arenas esportivas devem contar com um número suficiente de lanchonetes, bares e restaurantes, principalmente nos horários de pico.
  É preciso considerar não apenas a oferta e a demanda gerais, mas garantir que os espectadores acomodados em todos os setores tenham acesso rápido e prático a alimentos e bebidas.
- **Toaletes**
  Os toaletes, obviamente, são uma referência sobre o conforto dos espectadores. Por isso, os projetos de arenas devem contemplar toaletes em grande número, de acordo com a concentração de pessoas em cada setor.
  Quanto à manutenção, aspectos de higiene não devem ser desprezados. Para a UEFA (União Europeia de Clubes de Futebol), por exemplo, o critério mínimo estabelecido é de um vaso sanitário feminino a cada 125 mulheres, um mictório para cada 125 homens e um vaso sanitário 250 homens. Para acomodar portadores de necessidades especiais, é exigida uma cabine para cada 15 cadeirantes (UEFA, 2007). No caso de arenas móveis, a instalação de banheiros químicos exige um cálculo semelhante.

- **Estacionamento**

  Como sabemos, o transporte por automóvel não é o ideal em termos logísticos e ecológicos, mas é o preferido de muitos fãs de eventos esportivos. Por isso, a ampla oferta de vagas de estacionamento é um ponto positivo para as arenas.

  É claro que a demanda real por vagas de estacionamento depende da disponibilidade de transportes públicos e do perfil dos espectadores. Como referência, para a Copa do Mundo FIFA, um estádio para 60 mil espectadores deve contar com nada menos que 10 mil vagas de estacionamento para automóveis (1:6) e 500 vagas para ônibus (1:120). São consideradas as vagas alocadas a, no máximo, 1.500 m do local do evento (FIFA, 2009).

  Além do público em geral, atletas, clientes corporativos, representantes da Mídia e prestadores de serviço devem ser lembrados neste momento.

- **Telecomunicações**

  Cada vez mais, os fãs recorrem ao uso de seus smartphones durante os eventos esportivos, seja para acessar a internet ou para receber conteúdo produzido exclusivamente com essa intenção.

  No atual estágio tecnológico, os provedores de telefonia móvel encontram dificuldades para entregar um serviço de qualidade em grandes eventos, causadas, principalmente, pelo congestionamento de linhas ou por obstáculos arquitetônicos.

  Por isso, as arenas devem fornecer conexão veloz sem fio para os espectadores, para viabilizar as ações promocionais dos patrocinadores e a distribuição de conteúdo pelo detentor dos direitos de Mídia. Sem dúvida, essa iniciativa também será muito valorizada pela imprensa especializada.

- **Lojas de Varejo**

  Outro tipo de instalação que os fãs esperam encontrar nas arenas atuais são as lojas para a venda de produtos oficiais das equipes ou eventos.

  Em alguns casos, as opções são ainda maiores, criando um completo centro de compras de diversos tipos de produtos e serviços.

- **Salas de Eventos**

  Os espaços reservados para reuniões e conferências são cada vez mais comuns nas arenas esportivas de maior porte, atendendo às necessidades do público corporativo, aproveitando a estrutura e a tecnologia criadas para os dias de evento a fim de gerar receita ao longo do ano.

- **Museus**

  Os museus são outra facilidade encontrada em muitas arenas, onde são exibidos troféus, memorabília e conteúdo Multimídia relevante para os fãs, tanto atendendo ao público em dias de competição quanto atraindo visitantes e turistas diariamente.

Caubóis do Futuro

Inaugurado em 2009, o novo estádio dos Dallas Cowboys, talvez a mais importante franquia da NFL e o quinto time mais valioso do mundo esportivo (FORBES, 2013), conta com o que há de melhor em tecnologia Multimídia.

Avaliando as tendências de curto e médio prazos, os gestores da equipe concluíram que, para manter o estádio atualizado ao longo dos anos, valeria a pena investir 40 milhões de dólares em telas gigantes de alta definição.

A proposta contou com um viés estratégico decisivo, pois os Cowboys pretendiam manter o jogo ao vivo como a melhor de todas as experiências para os fãs, o que já não pode ser considerado óbvio, dado o salto de qualidade das transmissões de TV em HD e 3D.

Para conquistar esse objetivo, foram instalados, na arena, nada menos que os dois maiores displays de LED em alta definição de todo o mundo, o que garante a melhor visibilidade para os fãs, distribuídos em seus 80 mil assentos.

Os fascinantes painéis laterais, de mais de 1.000 m^2 de área, renderam, inclusive, destaque no Guinness Book, o livro dos recordes, e protagonizaram a primeira transmissão em 3D ao vivo em grande formato.

Outras duas telas, de 140 m^2 cada, estão voltadas para as linhas de fundo. A estrutura de 500 toneladas fica suspensa sobre o centro do gramado. Completam essa incrível iniciativa quatro painéis de "apenas" 26 m^2, instalados no pavimento inferior.

As telas do AT&T Stadium, além de muita Mídia espontânea, também geraram polêmica. Já no primeiro jogo, um chute atingiu um dos telões, posicionado a 30 metros do solo, o que provocou uma mudança inusitada nas regras do Futebol Americano, determinando a anulação da jogada caso a bola entre em contato com a megaestrutura, o que comprova o imenso passo dos Cowboys em direção ao futuro.

Figura 19 Dallas Cowboys Stadium

Fonte: JeremyPerson.com (2011).

Parte II – Exploração de Arenas Esportivas

6.5 Fontes de Receita das Arenas Esportivas

6.5.1 Naming Rights

Já sabemos que os naming rights são propriedades de patrocínio de equipes e eventos esportivos. Porém, o seu uso é consagrado para nominar arenas esportivas, podendo tornar-se uma de suas principais fonte de recursos. Aplica-se, também, a espaços exclusivos em arenas ou eventos esportivos, tais como business centers e áreas VIP ou de convivência.

Para dar legitimidade e uso popular ao nome comercial, o ideal é que esse vínculo seja criado com a maior antecedência possível, de preferência antes mesmo do início da obra. Recomenda-se, também, que haja longos períodos de parceria, com décadas de duração.

6.5.2 Camarotes

A locação de camarotes, utilizados não apenas em dias de competição, principalmente para atender ao público corporativo, representa uma parte bastante significativa entre as receitas comerciais das arenas esportivas.

O nível de serviço nos dias de competição será determinante para a captação e a fidelização dos clientes.

6.5.3 Concessões

A concessão de área e/ou a autorização para que terceiros comercializem produtos e serviços costuma ser outra importante fonte de remuneração das arenas, por meio de cobranças de taxas de locação e de participação nas vendas de restaurantes, bares, lanchonetes, serviço de buffet, estacionamentos, museus e outros tipos de produtos e serviços.

Como veremos mais adiante, o desempenho das concessões está, direta ou indiretamente, ligado à capacidade de gerar receita em dias de competição.

6.5.4 Publicidade

Como vimos no capítulo 3, além da Publicidade imediatamente em torno da área de competição, as arenas possuem espaço próprio para Comunicação nas áreas de grande circulação de público, que pode ser comercializado diretamente junto aos anunciantes ou explorado por terceiros.

Tanto na área externa quanto interna, encontramos uma série de espaços disponíveis para Mídia alternativa, desde placas de sinalização até toaletes.

6.5.5 Organização de Eventos

A otimização das fontes de receita das arenas passa, necessariamente, pela sua capacidade de atrair eventos esportivos relevantes para o público, gerando renda a partir de sua exploração em dias de competição.

As receitas em dias de competição também respondem por uma fatia relevante às receitas de Marketing de uma entidade esportiva. Mais do que isso, impactam diretamente sobre as demais fontes de recursos, como patrocínios, licenciamento e direitos de transmissão.

Algumas premissas afetam diretamente os eventos esportivos numa determinada região:

a. O tamanho da base de fãs;
b. O nível de envolvimento com o Esporte e com as equipes e os atletas;
c. A renda da população.

6.6 Otimização de Receitas em Dias de Competição

6.6.1 Bilheteria

A bilheteria costuma ser a principal fonte de receita das arenas esportivas nos dias de competição.

Alguns fatores afetam a demanda por ingressos de um evento esportivo específico, assim com o valor percebido da oferta:

a. Qualidade percebida da arena esportiva;
b. Importância relativa do evento e rivalidade entre as equipes;
c. Histórico de resultados esportivos;
d. Qualidade percebida dos atletas e equipes envolvidos;

e. Custo total de aquisição, incluindo ingressos, transporte e alimentação;
f. Data, horário, duração do evento e periodicidade.

6.6.2 Modelos de Venda de Ingressos

- **Ingressos Individuais**

  Naturalmente, a venda de ingressos individuais, por pessoa e por dia de evento, é o modelo mais tradicional. Porém, veremos que existem modelos alternativos, potencialmente mais atrativos e eficientes.

- **Carnês de Ingressos**

  Uma forma bastante utilizada e eficiente para a venda de pacotes de ingressos, os conhecidos carnês, ou *season tickets*, incluem ingressos para toda a competição (temporada).

  As condições para a implementação dos carnês são basicamente as seguintes:

  a. Competição de longa duração, com diversas etapas;
  b. Etapas realizadas com frequência semanal ou mensal, no mesmo local;
  c. Calendário definido com antecedência.

  O conceito pode ser ampliado para grupos e camarotes. Algumas vantagens são visíveis para as entidades esportivas:

  – **Vantagens para as Entidades Esportivas:**

    a. Antecipar e garantir a receita, além de quantificar, antecipadamente, a demanda por serviços e segurança;
    b. Resguardar-se dos efeitos de maus resultados e valorizar os fãs menos sensíveis aos resultados esportivos, provavelmente os mais fiéis;
    c. Simplificar a logística de venda e de entrega, reduzindo custos operacionais;
    d. Cobrar, eventualmente, preços mais altos por ingresso, quando houver uma procura maior;
    e. Aumentar a taxa de ocupação, melhorar a atmosfera da arena para os torcedores e, no caso das equipes, garantir vantagem esportiva nos jogos em casa.

  – **Vantagens para os Fãs:**

    a. Garantir, antecipadamente, ingressos para todas as etapas ou jogos, inclusive para os mais relevantes;
    b. Evitar deslocamentos e filas para a aquisição de ingressos individuais;
    c. Receber desconto ou brindes na compra do carnê;

d. Pontuar em programas de fidelidade do clube e garantir acesso a áreas exclusivas na arena;
e. Manter o mesmo assento escolhido durante toda a temporada;
f. Algumas equipes e ligas, inclusive, incentivam esses fãs a revender ou disponibilizar para outros torcedores os ingressos que não pretendem utilizar.

Apesar da atratividade para os principais interessados, os carnês devem ser oferecidos com certa precaução, disponibilizando-se apenas uma parte dos ingressos para esse sistema. Isso porque não é interessante ter uma baixa rotatividade de torcedores durante toda a temporada, o que pode desagradar e afastar muitos fãs, além de inibir a conquista de novos seguidores.

Além disso, os fãs ocasionais tendem a gastar mais, por evento, na compra de produtos oficiais do que os torcedores mais frequentes.

- **Grupos Familiares**

  Como já vimos, a venda de ingressos em grupos para as famílias cumpre um papel estratégico para o aumento da base de fãs, mas também representa uma importante fonte de receita operacional. Geralmente, são grupos de três a cinco ingressos (dois adultos e o restante crianças), com descontos, brindes e localização especiais.

- **Grupos Corporativos**

  No caso de clientes corporativos, os grupos são considerados a partir de 10 ou 20 pessoas. Além de utilizar de meios semelhantes aos disponibilizados para os fãs em geral, o alto valor das vendas para clientes corporativos justifica um tratamento especial.

  Para eventos de grande porte, recomenda-se criar uma estrutura de vendas independente, com gerentes de contas, para identificar e atender a esses grandes clientes, seja para grupos de ingressos convencionais ou camarotes.

  – **Hospitalidade Corporativa**

  A hospitalidade dirigida a clientes corporativos representa boa parte da receita em dias de competição, uma vez que é uma das propriedades mais valorizadas pelos patrocinadores, como vimos no capítulo 3.

  Quando a arena não é capaz de disponibilizar a estrutura ideal, a instalação de estruturas provisórias costuma ser bastante eficiente.

  Alguns benefícios consagrados para a hospitalidade corporativa são:

  a. Suítes privativas, com decoração sofisticada, climatização e toaletes exclusivos;
  b. Assentos privilegiados;

c. Acesso a áreas exclusivas, como lojas, lounges, bares, museus e restaurantes;
d. Serviço de buffet, com opções diferenciadas de cardápio;
e. Acesso VIP, atendimento dedicado e segurança reforçada;
f. Estacionamento exclusivo, serviço de manobrista e traslados;
g. Monitores de TV e acesso à internet;
h. Aparições de atletas e ex-atletas;
i. Visitações (comuns nos Esportes a motor);
j. Brindes exclusivos e customizados;
k. Utilização, em dias alternativos, de arenas fixas e camarotes adquiridos para a temporada.

Setores agregados, como business center, com acesso livre à internet, salas de reunião e auditórios, são igualmente valorizados por este perfil de cliente.

6.6.3 Distribuição de Ingressos

Mesmo que exista um grande potencial para a presença de público nas arenas esportivas, a venda e a entrega de ingressos são importantes gargalos a serem transpostos.

Os custos indiretos na aquisição dos tíquetes, ou seja, os recursos exigidos com transporte e tempo, são um fator importante para transformar a demanda em vendas.

O papel dos gestores de arenas e de eventos é garantir acesso fácil e rápido, com absoluta segurança e alto nível de serviço. Com isso, não apenas conquistar os fãs pela primeira vez, mas colaborar antecipadamente para a fidelização desses consumidores e clientes das arenas.

A quantidade de pontos de venda e guichês, assim como a localização e a divulgação, é essencial para garantir o acesso a todos os fãs aos ingressos, evitando filas e tumultos. Ao longo de tentativas e erros, sabe-se que os ingressos devem ser disponibilizados com antecedência – semanas ou meses, de preferência – em pontos de venda abundantes, próximos aos redutos de fãs.

O treinamento dos vendedores e a tecnologia também são pontos fundamentais para agregar agilidade e qualidade a este processo.

A tecnologia mais recente permite que os ingressos sejam impressos nos pontos de venda, por meio de uma central de informações, eliminando-se a necessidade de separar lotes e realizar uma logística complicada e arriscada.

Com o desenvolvimento da internet e, agora, a proliferação dos dispositivos móveis, surgem alternativas baratas e eficientes na distribuição de ingressos, incentivando, inclusive, o acesso de torcedores-turistas, de cidades ou até países distantes.

Os portais de compras coletivas aparecem como uma nova alternativa para a divulgação e a comercialização dos ingressos, principalmente com descontos.

- **Canais de Distribuição**

Como podemos perceber, exige-se uma estratégia de distribuição multicanal para garantir e facilitar o acesso de um grande número de fãs, de diferentes segmentos.

a. **Bilheterias:** São o ponto de venda mais tradicional, principalmente no dia do evento. Indicadas para venda de ingressos individuais e de grupos familiares, na arena onde será realizado o evento e, quando couber, na sede da equipe visitante. O desafio dos gestores é calcular a quantidade necessária de cabines para atender aos torcedores com comodidade e segurança. Veremos, adiante, que esse problema parece estar com os dias contados.
Podem, ainda, ser instalados quiosques próprios ou já estabelecidos por agentes de venda de ingressos, em locais de grande circulação, como parques, praças, postos de combustível, supermercados e estações de trem.

b. **Comércio Eletrônico:** Mais ágil e prática, a venda antecipada de ingressos pela internet, por meio de ferramentas de comércio eletrônico, acessadas a partir de computadores pessoais ou totens, é adequada para todos os públicos e tipos de ingresso. Com o tempo, tende a prevalecer amplamente sobre os canais tradicionais.
Os fãs podem ter acesso aos ingressos por meio dos sites oficiais dos eventos e dos portais especializados, ou serem impactados pelas redes sociais. Embora possam ser emitidos e-tickets, a segurança faz prevalecer o serviço de entrega porta a porta ou em postos de troca de vouchers, normalmente localizados na própria arena.
A prática recorrente de cobrança de uma taxa de serviço e entrega ainda inibe o crescimento deste canal.

c. **Comércio Móvel:** Mesmo sendo realizada no ambiente de internet, a comercialização de ingressos por meio de dispositivos móveis, também chamada de M-Commerce, oferece benefícios únicos para fãs e entidades esportivas.
Além das vantagens já esperadas em termos de mobilidade, a tecnologia já disponível vem implusionando a venda de ingressos, não apenas no Esporte. Mais do que isso, os smartphones podem ser utilizados para a admissão dos fãs no estádio, quando aproximados de leitores de código de barras instalados nas catracas da arena, dispensando a impressão de tíquetes.
Esse é o grande diferencial desta nova tecnologia. Os ingressos podem ser adquiridos poucos momentos antes do evento, criando inúmeras oportunidades, como promoções de última hora. Se a internet já vem se consolidando na venda antecipada de ingressos, a tecnologia móvel tem tudo para substituir definitivamente o modelo tradicional.

d. **Compras Coletivas:** Um novo canal de venda virtual surgiu com os grupos de compras coletivas.
Além do Groupon, criado do conceito de compras coletivas, que tem acordos com a Nascar e times da NBA, foi criado um grupo especializado exclusivamente na venda de ingressos para eventos esportivos com desconto, o CrowdSeats.com. Além dos descontos de última hora no valor dos tíquetes, de 50 a 90%, as ofertas podem incluir combos com estacionamento, suvenires ou alimentação.
O sucesso é atribuído, principalmente, ao caráter perecível do evento, ou seja, os lugares não ocupados são renda desperdiçada. Com uma taxa de ocupação maior, melhora a atmosfera do evento e são geradas receitas adicionais com alimentos, bebidas, estacionamento e venda de produtos oficiais.
Como vimos, a tecnologia móvel torna este negócio cada vez mais viável e atrativo.

e. **Telemarketing:** A venda pode ocorrer por meio de telemarketing ativo, no caso de carnês e grupos, ou passivo, para a venda de ingressos individuais. Assim como os canais on-line, deve contar com serviço de entrega ou emitir vouchers para troca nas bilheterias da arena.

f. **Vendas Pessoais:** A venda tradicional, realizada pessoalmente, seja internamente ou por meio de visitas externas, costuma ser empregada para ingressos corporativos, normalmente usando o site oficial, o telemarketing e o e-mail Marketing como suportes.

- **Promoção de Vendas de Ingressos**

Como sabemos, a realização de um evento esportivo, assim como os demais ativos de Marketing Esportivo, possui um mix de Marketing próprio. Neste caso específico, se considerarmos a arena e o transporte como Produto e Distribuição, respectivamente, restarão ainda dois elementos básicos: Preço e Promoção.

No caso de grandes eventos, é muito comum pressupor a ciência dos torcedores em relação à data de realização do evento. A afirmação, em muitos casos, é verdadeira, quando estamos falando de fãs mais próximos, mas esconde erros importantes de avaliação. Em primeiro lugar, nem todos os fãs estão familiarizados com as datas do evento. Mesmo os torcedores fanáticos podem ter dificuldades em saber os dias e os horários exatos. Além disso, a divulgação não pretende apenas informar, mas principalmente estimular a presença dos fãs, apelando para a emotividade.

Duas atividades promocionais são importantíssimas:

a. **Assessoria de Imprensa:** Manter a imprensa atualizada sobre os locais, as datas e os horários dos eventos, assim como sobre os pontos de venda de ingressos e as vias de acesso, entre outras informações úteis, é essencial.
Além disso, deve-se monitorar a divulgação ampla e a correta dessa mensagem nos veículos.
b. **Publicidade:** O interesse da imprensa especializada pode não ser suficiente para divulgar as informações necessárias. Por isso, é importante que essas informações estejam disponíveis nos websites oficiais das entidades envolvidas. Da mesma forma, o Jornalismo Esportivo não tem o mesmo poder de persuasão da Publicidade. Os gestores esportivos podem adquirir espaço comercial nos diversos meios de Comunicação, embora seja comum firmar parcerias com veículos, trocando espaço de veiculação por ingressos ou cotas de patrocínio. Outra alternativa, cada vez mais comum e eficiente, é a Comunicação dirigida, por meio de ações de Marketing digital. Essa etapa é uma grande oportunidade de estabelecer um vínculo com os fãs e apresentar os parceiros comerciais das equipes e eventos.
Um tipo de ação bastante comum é oferecer ingressos para que os veículos de Mídia realizem promoções durante a programação, o que, automaticamente, divulga o evento.

6.6.4 Precificação de Ingressos

A parte elementar da precificação é identificar quanto os fãs estão dispostos a pagar pelos ingressos, por meio de pesquisas, *benchmarking* ou histórico de vendas.

Inicialmente, o preço irá variar em função do tradicional binômio oferta e demanda. A arena tem lugares limitados e, ao mesmo tempo, necessita de uma alta taxa de ocupação. Portanto, a precificação dos ingressos deve buscar o equilíbrio entre duas questões fundamentais, observadas as prioridades estratégicas das entidades esportivas envolvidas:

a. Aumento da receita total, incluindo rentabilidade na venda de ingressos, alimentação e produtos oficiais;
b. Aumento da taxa de ocupação, afetando a atmosfera do evento, a identificação com os fãs e o interesse dos patrocinadores e da Mídia.

Para chegar aos melhores resultados, é preciso entender a elasticidade preço-demanda, ou seja, o impacto do preço sobre as vendas. Pode-se chegar, inclusive, à conclusão de que ingressos devam ser distribuídos gratuitamente, atendendo à demanda dos patrocinadores e às concessões.

Alguns fatores determinam a variação nos preços dos ingressos:

a. Demanda potencial e taxa de ocupação prevista, em função da atratividade do evento;
b. Histórico de preços;
c. Localização e exclusividade dos assentos;
d. Localização e estrutura da arena;
e. Comparativo e concorrência de eventos similares, ou mesmo outras opções de cultura e lazer.

Embora a variação da demanda em função do preço, principalmente no Esporte, seja um cálculo complexo, com muitas variáveis, pode-se afirmar que a demanda ocorre muito mais em função do conteúdo do que do preço. Em outras palavras, um conteúdo atrativo permite a elevação dos preços dos ingressos, sem grande prejuízo à presença de fãs. Desse modo, agregar valor é a receita para maior rentabilidade.

6.6.5 Estratégia de Preços

Como o valor percebido pode variar de um evento para outro, os organizadores podem adotar estratégias e preços diferentes para cada situação, respeitando a segmentação da base de torcedores. Em uma mesma data, os preços certamente podem variar em mais de 10 vezes, dependendo da localização dos assentos.

No caso de camarotes corporativos, considerando diversos níveis de benefícios, pode-se dizer que não há limite para agregar valor e elevar preços, mas estudos preliminares relevam que a média por pessoa costuma ser de duas a 10 vezes superior ao preço de um ingresso individual comum.

6.6.6 Receitas Adicionais em Dias de Competição

Além da renda obtida com a venda de ingressos, a comercialização de produtos e serviços dentro da arena esportiva eleva o tíquete médio por torcedor, estabelecendo um patamar superior de receita e, sobretudo, de rentabilidade.

O resultado em dias de competição é dividido de acordo com as negociações entre o gestor da arena e os organizadores do evento, quando forem personalidades jurídicas distintas, é claro.

Os organizadores do evento podem, ainda, exigir que as concessões sejam desativadas, para que prevaleça o interesse dos fornecedores oficiais do evento, o que, naturalmente, interfere no valor da locação.

Alguns fatores decisivos impactam sobre o resultado adicional obtido em dias de competição:

a. Quantidade e perfil de público no evento;
b. Tempo médio de permanência dos fãs no evento;
c. Mix de Marketing dos produtos e serviços oferecidos.

- **Catering**

  A diversidade e a qualidade dos alimentos e bebidas, do mesmo modo que o atendimento, estão diretamente ligadas à satisfação dos fãs e dos clientes corporativos, assim como refletem diretamente no aumento do tíquete médio e na capacidade de geração de receita em dias de competição.

  Dessa forma, ao avaliar modelos de operação para A&B, os gestores de arenas devem fazer um balanço entre qualidade e valor pago pela concessão.

  Outra preocupação existe em relação às filas, já que os fãs costumam acessar esse serviço simultaneamente, antes do início da competição ou durante os intervalos. Além da quantidade de pontos de venda, é indispensável avaliar o número necessário de atendentes para responder à demanda com excelência.

  Algumas iniciativas criativas podem minimizar esse desconforto. A primeira ideia é instalar monitores de TV em todas as lojas, com imagens ao vivo da competição, permitindo que os fãs utilizem o serviço durante as partidas, sem perder os lances mais importantes. Com isso, pode-se melhorar o conforto e aumentar, potencialmente, as vendas. A implementação de outra iniciativa só é possível devido ao avanço nas telecomunicações. Em algumas arenas recentes, os fãs já podem encontrar as lojas com menor fila, ou mesmo realizar pedidos por meio de seus smartphones.

- **Venda de Produtos Oficiais**

  Como estudamos anteriormente, a comercialização de produtos oficiais de atletas, eventos e entidades esportivas representa uma fonte importante de financiamento no Esporte. As arenas esportivas costumam ser os locais prediletos para estabelecer essa relação comercial com os fãs.

  Embora seja exceção à regra, em alguns casos, a maior fatia desse "bolo" pode ser, inclusive, atribuída a vendas dentro das arenas, como acontece na Nascar. Da mesma forma, a venda de produtos oficiais representa, também, uma relevante fonte de receita adicional nos dias de competição.

- **Estacionamento**

  Já sabemos que, provavelmente, muitos fãs farão uso de seus automóveis para se locomover até os eventos esportivos.

  Nesse sentido, as arenas que contam com a estrutura adequada podem tornar a cobrança de estacionamento uma importante receita adicional em dias de competição.

O ideal é que os tíquetes de estacionamento possam ser adquiridos com antecedência, sendo, inclusive, agregados aos ingressos. Assim, os fãs e os concessionários podem se preparar com antecedência, evitando filas e transtornos na chegada e na saída do evento.

Open for us

Todo mês de agosto, o complexo esportivo Billie Jean King, em Nova Iorque, recebe mais de 700 mil fãs para um dos maiores eventos esportivos do mundo, o US Open de Tênis. Para isso, conta com a estrutura ideal para atender às expectativas dos melhores atletas do mundo e de seus exigentes fãs e patrocinadores.

Tudo começa com nada menos que 40 quadras, incluindo três estádios, com capacidade para receber 6 mil, 10 mil e 23 mil espectadores, além de 20 quadras de treinamento. Nos outros 11 meses do ano, as quadras são locadas para a comunidade, além de abrigar clínicas, projetos sociais e eventos universitários.

Para receber o público corporativo, a arena principal, o Arthur Ashe Stadium, conta ainda com 90 luxuosos camarotes, com serviços e visibilidade diferenciados. A estrutura de alimentação abrange sofisticados restaurantes, além de lanchonetes e cafés, somados a uma completa praça de alimentação, com mais de uma dezena de opções, que vão de pizza a comida chinesa.

Para atender aos desejos de consumo dos fãs do Tênis, o local conta, ainda, com lojas de suvenires do evento, roupas de grife, material esportivo e uma livraria.

A interação entre patrocinadores e torcedores ocorre, principalmente, por meio de estandes distribuídos pelos quase 20 mil metros quadrados do complexo, em meio a bem cuidadas praças e chafarizes, perfeitos para amenizar os efeitos do verão novaiorquino.

Mas o local preferido para se abrigar do intenso calor e curtir os intervalos entre as partidas é o Chase Center, uma gigantesca área coberta e climatizada, que abriga atrações como as quadras cobertas de treinamento, o pavilhão de hospitalidade e o museu da fama do US Open, onde estão instaladas miniquadras para promover a experiência esportiva entre as crianças.

6.6.7 Divisão de Receitas

Como vimos, uma determinada arena esportiva pode ser de propriedade de diferentes personalidades jurídicas. Além disso, dependendo do esquema proprietário-organizador, pode haver negociações diferentes. A seguir, algumas das situações mais usuais:

- **Proprietário-Mandante**

  Quando a arena pertence à entidade esportiva, que organiza seus eventos nesse local.
  - Evidentemente, não há taxa de locação;
  - As receitas adicionais com concessões e camarotes, bem como com Publicidade interna, ficam para o proprietário da arena, no caso, a equipe mandante;
  - A princípio, o proprietário retém a receita obtida com a venda de ingressos e realiza eventuais rateios com outras partes interessadas.

- **Concessão Anual**

  Quando a arena pertence ao Poder Público ou a investidor privado, que estabelece, com a entidade esportiva, um contrato de exploração por uma ou mais temporadas, para a organização de eventos:
  - O proprietário determina um valor anual pela concessão, repassando os custos de operação para o concessionário;
  - Em outra situação, o proprietário recebe um rateio (até 50%) das receitas obtidas com concessões, camarotes, Publicidade e naming rights, com garantia mínima e/ou teto máximo;
  - Normalmente, o proprietário não tem participação na bilheteria e o organizador fica com a rentabilidade obtida.

- **Locação Pontual**

  Quando a arena pertence ao Poder Público ou à empresa privada, sendo locada para uma ou mais equipes, por dia de competição:
  - O proprietário estipula uma taxa fixa de locação;
  - Existe a alternativa de o proprietário solicitar uma participação na bilheteria do evento, seja um percentual das vendas de ingressos ou um valor fixo por ingresso vendido, normalmente exigindo uma garantia mínima;
  - Os acordos de concessão são mantidos, mas o locatário pode negociar uma participação nas vendas;
  - Os contratos anuais de camarotes são mantidos e o organizador do evento é comissionado (de 20 a 50%) pelas vendas pontuais que indicar.

- **Organização de Eventos**

  Quando o proprietário da arena, por iniciativa própria, contrata eventos ou equipes para dela se utilizarem, ou seja, é o inverso da locação pontual:
  - Neste caso, o proprietário costuma remunerar os participantes com um valor fixo ou, eventualmente, participação na bilheteria;
  - Ao proprietário da arena, cabe a eventual rentabilidade obtida.

- **Regime Extraordinário**
  Quando a arena é locada por um organizador de eventos, durante um determinado período. Geralmente, este tipo de acordo refere-se a grandes eventos pontuais ou sazonais, como a Copa do Mundo FIFA e as Olimpíadas.
  - O proprietário cobra uma taxa fixa de locação com ágio, pois o organizador do evento costuma exigir um congelamento dos contratos de concessão, Publicidade e naming rights, a fim de beneficiar seus fornecedores e patrocinadores oficiais;
  - O proprietário da arena não tem participação sobre os resultados.

6.7 Estratégias de Controle em Arenas

Alguns indicadores são necessários para mensurar o desempenho de Marketing de arenas esportivas.

Naturalmente, trata-se de uma análise bastante complexa, pois envolve diferentes públicos e serviços. Por isso, a seguir, serão apresentadas algumas questões fundamentais.

6.7.1 Presença de Público

a. **Público total e faturamento:** por evento e por temporada;
b. **Perfil do público:** sexo, idade, renda, faixa etária, onde vive e hábitos de consumo;
c. **Receita média por assento:** receita total, dividida pelo número de assentos, geral e por setor;
d. **Taxa de ocupação da arena:** número de assentos ocupados em relação à quantidade total de assentos disponíveis, geral, por setor, por evento e por temporada;
e. **Tíquete médio:** receita média por espectador (receita total dividida pelo número de espectadores, geral e por setor);
f. **Intenção de recompra:** intuito de comparecer a eventos futuros.

6.7.2 Nível de Satisfação dos Fãs

Para medir a satisfação dos torcedores especificamente em relação à arena, pode-se recorrer a pesquisas qualitativas, para avaliar questões mais amplas e subjetivas, como conforto, atmosfera e segurança, ou pesquisas quantitativas, avaliando aspectos mais objetivos, como as condições dos toaletes e dos bares, a qualidade e a variedade de alimentos e bebidas, ou a visibilidade da competição esportiva.

É muito importante identificar o setor e, de preferência, a localização exata do assento de cada um que responder a pesquisa, a fim de monitorar e corrigir problemas específicos.

É interessante observar que alguns pontos, como segurança e toaletes, costumam variar entre impactos negativos e neutros, enquanto estética e atmosfera costumam estar relacionadas a sensações neutras ou positivas.

Uma solução para avaliar o nível de serviço é criar uma tabela com aspectos importantes para os fãs, pedindo que atribuam pesos e notas para cada um dos itens pesquisados. Outra alternativa barata e eficiente é monitorar as críticas e as sugestões dos fãs comentadas nas Mídias Sociais.

6.7.3 Nível de Satisfação dos Clientes

Da mesma forma, os clientes corporativos, como veículos de Mídia, compradores de camarotes, também devem ser monitorados por meio de pesquisas, relatórios ou consultas informais, quanto ao seu nível de satisfação em relação à arena em geral e, principalmente, sobre os espaços e os serviços direcionados para cada um desses públicos.

Havendo um acordo de naming rights, é necessário acompanhar o reconhecimento dos fãs, além de quantificar e valorar as citações na Mídia.

Capítulo 7

Marketing Esportivo para Empresas

Certamente, os capítulos anteriores responderam a muitas questões importantes para as empresas, que puderam visualizar as oportunidades durante o processo de Marketing Esportivo Estratégico, sobretudo na exploração de determinados ativos de Marketing das entidades esportivas.

Este capítulo é dedicado exclusivamente a definir o Marketing Esportivo do ponto de vista do mercado corporativo e abordar alguns pontos importantes que também devem ser conhecidos pelas entidades esportivas que buscam recursos para serem aplicados em seus ativos de Marketing.

7.1 Esporte como Ferramenta de Comunicação

Como vimos no capítulo 1, o conceito de Marketing Esportivo atrai significados variados. Basicamente, podemos dividi-los em dois grupos: (a) Marketing aplicado ao Esporte e (b) Esporte no Marketing das empresas.

No mix de Marketing das empresas, o Esporte é uma ferramenta de Comunicação, que pode afetar diretamente o desenvolvimento de produtos e a distribuição.

7.1.1 Marketing Esportivo Integrado para as Empresas

Chamamos de Marketing Integrado a utilização de uma grande variedade de ferramentas, alinhadas por objetivos em comum. No caso do Esporte, o conceito é bem semelhante.

Do ponto de vista das empresas, trata-se da utilização das ferramentas de Marketing inerentes ao ambiente esportivo, como resposta às necessidades do mercado corporativo, ou seja:

a. Contratação de patrocínio e as suas respectivas propriedades;
b. Acordos de licenciamento e uso da imagem de atletas;
c. Utilização das propriedades disponíveis nas arenas esportivas;
d. Aquisição de espaço publicitário na Mídia esportiva.

7.2 Patrocínio para Empresas

O patrocínio é uma conhecida ferramenta de Comunicação das empresas. Naturalmente, o patrocínio esportivo representa uma subdivisão dessa ferramenta.

A conclusão, aparentemente banal, afeta diretamente a tomada de decisão por patrocínios esportivos. Isso significa dizer que o patrocínio deve estar absolutamente alinhado ao Plano de Comunicação da empresa, reunindo esforços numa mesma direção. Caso contrário, mesmo as melhores oportunidades de patrocínio não serão capazes de atingir resultados satisfatórios ou pertinentes.

Ainda que esteja ligado, de alguma forma, aos objetivos de Marketing da organização, é bem mais lógico e simples pensar que o Marketing Esportivo deve estar alinhado aos objetivos de Comunicação, que, conceitualmente, são um passo adiante do Plano de Marketing.

Figura 7.1 Plano de Marketing Esportivo

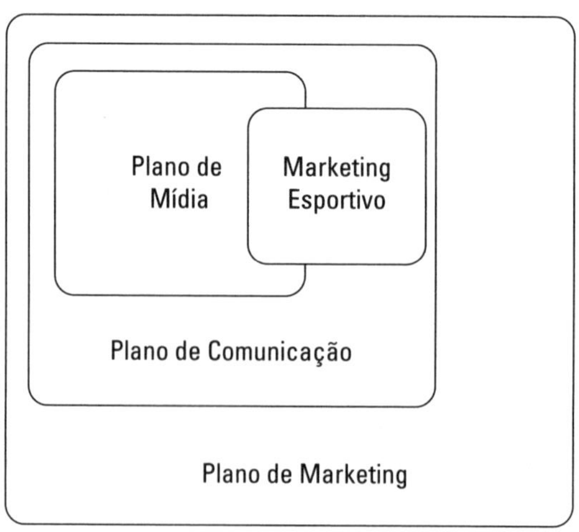

Figura 7.2 Etapas de Patrocínio

O Marketing Esportivo também costuma ser utilizado como Mídia de apoio, devido às oportunidades de exposição de marca. Mais uma vez, o Plano de Mídia, estágio avançado do Plano de Comunicação, deve orientar a contratação de patrocínios.

Vale reforçar que o Esporte oferece a oportunidade de atingir objetivos de Comunicação muito amplos, embora o retorno de Mídia seja, ainda, o interesse mais usual.

7.2.1 Planejamento de Patrocínio Esportivo

Tratando-se de patrocínio esportivo, o planejamento é essencial para otimizar recursos e cumprir os objetivos corporativos.

A aquisição das propriedades deve seguir critérios pré-estabelecidos durante a fase de planejamento.

Como veremos, a prévia definição dos valores corporativos, assim como a elaboração de um Plano de Marketing geral, é uma etapa fundamental que antecede o Planejamento de Marketing Esportivo.

Quando houver um Plano de Comunicação e/ou de Mídia definido, parte dessas respostas deverá ser conhecida sem grande dificuldade.

- **Definição do Público-Alvo**

  Como em qualquer outra campanha de Comunicação, o público-alvo do patrocínio é certamente parte do target do produto ou do serviço, o que não significa dizer que uma única iniciativa de patrocínio deva atender a todos os públicos de uma marca ou empresa.

  Depois de definir os públicos que se pretende atingir, as empresas devem, naturalmente, levantar dados sobre propriedades esportivas que atendam a esse perfil em termos geográficos, demográficos e comportamentais. Quanto maior for essa sinergia, mais otimizados serão os recursos investidos. Para isso, é altamente recomendado levantar dados primários e secundários de pesquisa sobre o mercado e sobre o evento.

- **Objetivos Estratégicos**

Para os patrocinadores, é essencial reconhecer quais de seus objetivos estratégicos podem ser atingidos por meio do Marketing Esportivo. Depois disso, levantar informações sobre como as propriedades disponíveis no mercado podem atender a essas necessidades.

A seguir, conheceremos os principais objetivos estratégicos aos quais o Esporte pode responder com grande eficácia.

a. **Conhecimento de Marca e Visibilidade de Marca**

Estes costumam ser os principais interesses, se não os únicos, pelos quais corporações contratam um patrocínio. Ainda que, em alguns casos opostos, possam não ser os objetivos prioritários, tradicionalmente pesam de alguma forma sobre a decisão, sobretudo para empresas que oferecem produtos e serviços para o consumidor final.

Esse dueto é colocado lado a lado, pois o formato de entrega de ambos é basicamente o mesmo, embora seja importante esclarecer que não significam exatamente a mesma coisa.

A busca por conhecimento de marca está, obviamente, ligada a marcas novas ou pouco conhecidas, seja para um determinado perfil de público, em uma determinada região ou para a população em geral. Já a visibilidade de marca, embora, necessariamente, esteja embutida no conhecimento, trata da necessidade de marcas conhecidas se sustentarem na mente do consumidor ao longo do tempo.

Em ambos os casos, o interesse pelo Esporte surge seja por meio dos espectadores in loco, das transmissões ao vivo ou pela cobertura jornalística por parte da imprensa, o que chamamos de Mídia espontânea.

Propriedades esportivas costumam atrair patrocinadores pelo ótimo custo-benefício em comparação à compra de Mídia, contudo os grandes beneficiários são as propriedades esportivas de grande porte, pois multiplicam em maior escala a exposição das marcas.

Para marcas pouco conhecidas, existe a vantagem adicional de encontrar menos resistência em suas mensagens junto ao consumidor final.

Por outro lado, a tendência de segmentação da Mídia e as novas ferramentas tecnológicas de Comunicação reforçam o apelo de eventos mais fechados, com a vantagem de serem mais direcionados, atingindo nichos e otimizando o investimento.

b. **(Re) Posicionamento de Marca**

Nas últimas décadas, os gestores de marca vêm percebendo que exposição de Mídia é algo bom, mas não é o suficiente. O Marketing Esportivo pode e deve ir além. Mais do que uma Mídia barata, o Esporte tem a capacidade de se incorporar como conteúdo, ou melhor, ser a própria mensagem que chega ao consumidor.

Por esse ângulo cada vez mais utilizado, os valores de uma determinada propriedade esportiva refletem diretamente na imagem percebida da marca do patrocinador, na mente dos fãs e dos consumidores em geral.

Ao longo do tempo, o Marketing Esportivo têm muitas histórias de sucesso para contar, tanto no caso de marcas que reafirmam seu posicionamento por meio do Esporte quanto daquelas que encontram, na vitalidade e na jovialidade de propriedades esportivas, um novo caminho para sobreviver a seu ciclo de vida, por meio de uma nova percepção, à qual damos o nome de reposicionamento. Isso vale tanto para marcas corporativas quanto para linhas de produtos.

c. **Aumento da Fidelidade à Marca**

O objetivo de fomentar a lealdade dos fãs em relação à marca tem sido uma tendência em termos de objetivos do patrocínio esportivo.

Devido à conexão emocional com os fãs, iniciativas de apoio ao Esporte têm o poder de transferir para as marcas as percepções dos fãs em relação aos atletas, equipes, eventos ou modalidades, provocando atitudes positivas em relação a elas.

Em uma escala de engajamento, fãs do Esporte dão preferência para marcas que patrocinam seu Esporte preferido, a um passo de se tornarem consumidores fiéis. No cenário ideal, tornam-se embaixadores das marcas, multiplicando os efeitos positivos do patrocínio.

É importante salientar que o potencial de transferência dessa lealdade está ligado diretamente a dois fatores: o nível de fidelidade dos fãs em relação à marca esportiva e o grau de envolvimento do patrocinador com os fãs, variando consideravelmente, caso a caso.

A sinergia entre público-alvo e o posicionamento entre as marcas esportiva e corporativa são fatores-chave de sucesso. Cabe aos gestores de Marketing Esportivo incentivar continuamente esse processo.

d. **Estímulo às Vendas**

Ao contrário do que se possa pensar, nem todos os objetivos dos patrocinadores envolvem diretamente a Comunicação da marca.

Ainda que o aumento das vendas esteja implícito na maioria dos objetivos de Comunicação, o patrocínio esportivo tem a capacidade de entregar objetivamente essas metas corporativas em vendas.

Existem, essencialmente, duas formas de alavancar vendas por meio do Esporte. Na primeira, o produto é comercializado diretamente para os fãs, normalmente na própria arena esportiva. Na segunda, o conteúdo esportivo serve de plataforma para promoções de vendas, incluindo a distribuição gratuita de ingressos e de outros prêmios tanto para os consumidores e clientes quanto para a equipe de vendas própria ou dos distribuidores.

Nos dois casos, o patrocinador também pode oferecer aos fãs condições especiais de compra do seu produto. Além disso, os acordos de patrocínio podem incluir o uso associado da marca do evento e/ou a imagem dos atletas na Comunicação no ponto de venda, com impacto direto sobre os resultados.

Além de atingir um objetivo de Marketing específico, essa estratégia pode ter o retorno do investimento mensurado objetivamente, o que costuma ser muito valioso para as companhias e, principalmente, para os gestores dos produtos.

e. **Exposição, Demonstração ou Experimentação de Produtos**

De forma semelhante, o patrocínio esportivo aplica-se à exposição, demonstração ou experimentação de produtos e serviços.

As arenas esportivas costumam ser os locais utilizados para esse tipo de interação com o público-alvo, desde a distribuição de amostra de um novo xampu ou a degustação de uma nova cerveja, até o test drive exclusivo de um carro de luxo. Podem ser experimentados desde bens de consumo do dia a dia, até serviços corporativos complexos, que exijam concentração por parte da audiência, algo que, paradoxalmente, o Esporte consegue fazer de forma suave e eficiente.

Em muitos casos, a modalidade de patrocínio pode ser contratada de forma independente e pontual, ou estar atrelada a um pacote de patrocínio mais amplo.

f. **Incentivo ao Fluxo de Clientes no Ponto de Venda**

Algumas vezes, sobretudo no caso de distribuidores, o Esporte é utilizado no estímulo ao tráfego de clientes nos pontos de venda.

Existem diversas maneiras para atingir esse objetivo, como promover tardes de autógrafos com atletas conhecidos ou credenciar-se como ponto de venda (exclusiva ou não) de ingressos ou de inscrições de eventos esportivos.

Muitas dessas iniciativas têm a participação, ou mesmo são financiadas por fornecedores do próprio distribuidor. Como vemos, esta categoria de patrocínio enquadra-se nos objetivos junto ao consumidor final, mas é tradicionalmente utilizada na alavancagem de vendas no atacado, quando parte da iniciativa dos fornecedores.

g. **Responsabilidade Social**

Em muitos casos, o patrocínio esportivo é visto pelas corporações como uma forma de contrapartida social. Ainda que possamos encontrar objetivos comerciais implícitos, o foco pode estar na reputação da companhia perante a sociedade, incluindo, aqui, consumidores, Mídia, Poder Público, entre outros. Esse pode ser o principal apelo de propriedades esportivas que não podem entregar mídia aos patrocinadores, mas possuem um reconhecido valor social, como escolas de Esporte que visam à inclusão social ou à formação de jovens atletas olímpicos.

Ainda que nem sempre possua caráter filantrópico, o patrocínio esportivo provoca uma reação positiva na sociedade, considerando que Esporte, Saúde e Qualidade de Vida são valores em alta em grande parte do mundo.

Seguindo uma tendência recente, propriedades esportivas de grande audiência e com seguidores fiéis podem ser utilizadas como catalisadores de ações sociais e ambientais. Nesse caso, ainda que não envolva contrapartidas econômicas para o Esporte, a imagem da marca esportiva pode ser igualmente beneficiada, sem custo para o patrocinador.

h. **Relacionamento com Clientes Atuais, Clientes Potenciais e Funcionários**

Outro objetivo comum é o de entreter clientes atuais e potenciais, além de funcionários – em especial, a equipe de vendas.

Embora o conceito possa ser empregado junto ao consumidor final, é comumente utilizado diante de clientes corporativos, como contas-chave ou distribuidores, estreitando a relação comercial. Pode-se dizer que este é o principal objetivo B2B (business-to-business) do patrocínio esportivo.

Trata-se, especificamente, da distribuição de vouchers para praticantes, ingressos credenciais ou pacotes de viagem para eventos esportivos, geralmente em locais privilegiados ou exclusivos. É claro que grandes eventos, com ingressos caros e concorridos, costumam atrair a atenção desse tipo de patrocinador.

Além disso, a oportunidade única de reunir seus principais clientes fora do ambiente de trabalho, estreitando o relacionamento pessoal entre fornecedor e clientes, costuma ter um grande valor para o patrocinador, desde o convite para uma partida de Golfe a dois, até a aquisição de um camarote completo em uma corrida de Automobilismo. Nesse caso, o nível de hospitalidade oferecido pelo detentor da propriedade costuma ser decisivo.

O sucesso desse tipo de iniciativa está, por vezes, atrelado a um objetivo pontual de vendas ou ao lançamento de um determinado produto.

- **Objetivos e Público-Alvo**

  Portanto, depois de reconhecer os objetivos e o público-alvo da ação de patrocínio esportivo, chegaremos a alguns duetos interessantes, como:

  a. Reposicionamento da marca junto ao público-jovem;
  b. Aumento da visibilidade da marca na região Norte;
  c. Estímulos às vendas para usuários de comércio eletrônico;
  d. Demonstração de produtos para clientes da concorrência.

- **Mensagem**

  O patrocinador, provavelmente, tem valores e atributos que deseja associar à sua marca, preservando seus valores corporativos. Segundo a Teoria da Comunicação, o meio utilizado para transmitir uma ideia é parte integrante da mensagem compreendida pelo mercado.

  A opção pelo Marketing Esportivo, provavelmente, já faz parte dessa observação, mesmo que esse não seja o principal objetivo do patrocínio. A empresa deve identificar modalidades esportivas e propriedades cuja imagem percebida pelo público-alvo envolva os atributos desejados e compartilhe de valores institucionais no mínimo semelhantes, para que seja possível transmitir a mensagem desejada.

  É importante perceber que a mesma modalidade ou entidade esportiva pode ser percebida de diferentes formas, dependendo do contexto em que está inserida. Por isso, cabe salientar que é determinante conhecer a percepção do público-alvo em questão.

  Mesmo que os valores da propriedade esportiva estejam bastante difundidos e claros, é aconselhável recorrer a pesquisas de Marketing para certificar-se dessas informações.

7.3 Orçamento de Patrocínio Esportivo

A partir das observações iniciais, podemos concluir que o orçamento de Marketing Esportivo é uma parte da verba de Comunicação e/ou de Mídia.

O tamanho da fatia de verba destinada para o Esporte, logicamente, deve variar de acordo com os valores de cada corporação e a sinergia entre o Marketing Esportivo e os objetivos da empresa em curto, médio e longo prazos. Entretanto, observar como o mercado corporativo, incluindo a concorrência, utiliza-se dessa verba pode ser de grande valia.

Além disso, o orçamento de Marketing Esportivo não precisa ser visto como um investimento à parte, mesmo porque visa a atingir objetivos que podem afetar diferentes

Fãs que Pegam o Vácuo

A Nascar (National Association for Stock Car Auto Racing) é a principal categoria do Automobilismo norte-americano e um dos ícones esportivos daquele país, com faturamento anual na casa de 2 bilhões de dólares.

Um estudo realizado pelo instituto de pesquisa Performance Research (2006), com pouco mais de 1.000 fãs da Nascar, nos Estados Unidos, procurou entender até que ponto a categoria conseguia transferir a lealdade de seus fãs às marcas e aos produtos de seus patrocinadores.

O projeto, chamado RaceStat, indicou que mais da metade (57%) dos fãs acreditam mais em ofertas de produtos de patrocinadores da Nascar, resultado expressivo quando comparado à preferência dos fãs dos Jogos Olímpicos e da Copa do Mundo FIFA diante dos respectivos patrocinadores.

A pesquisa revelou, também, que 71% dos entrevistados responderam que "frequentemente" ou "quase sempre" escolhem um produto relacionado à categoria, quando comparado a outro produto qualquer, superando níveis de lealdade registrados entre fãs de Tênis e Golfe, por exemplo.

Um estudo realizado pelo instituto IEG (2013), que entrevistou executivos de todos os continentes, procurou entender qual seria, usualmente, a parcela da verba de Marketing dessas empresas aplicada em patrocínios, em âmbito cultural, social, ambiental ou esportivo. Resta definir a parte dessa fatia que é destinada ao Esporte. Nos Estados Unidos, por exemplo, o patrocínio esportivo corresponde a 69% do mercado.

Além do valor de aquisição, devem estar contempladas verbas de ativação e de pesquisa.

Gráfico 7.1 Composição da verba de patrocínio

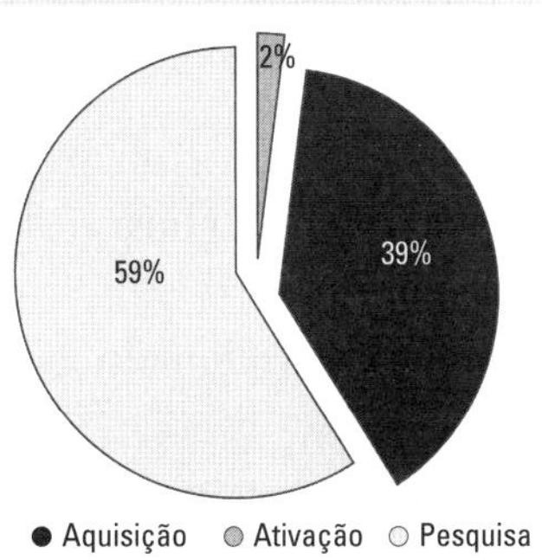

Gráfico 7.2 Parte da verba total investida em patrocínio

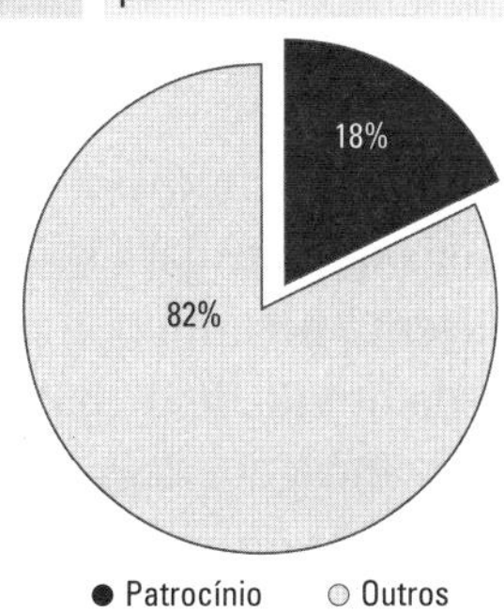

projetos de uma organização, como a abertura de uma nova filial ou o lançamento da marca reestilizada.

Dessa forma, podemos entender que o Marketing Esportivo pode invadir os orçamentos de diversas áreas, como Trade Marketing, Expansão ou Recursos Humanos.

7.3.1 Verba de Ativação

O orçamento não pode deixar de contemplar a verba de ativação do patrocínio. Para isso, é importante que as ações estejam detalhadas ao máximo.

Segundo o mesmo estudo do IEG (2013), em média, os patrocinadores costumam reservar uma verba de ativação 50% maior que o valor de aquisição da propriedade. Para o Esporte, podemos dizer, exceções à parte, que uma proporção de 1:1 seja bastante razoável.

7.3.2 Verba de Pesquisa

O mesmo raciocínio serve para contemplar o orçamento de pesquisa, sejam avaliações prévias à contratação do patrocínio ou estratégias de mensuração de resultados previamente planejadas.

Ainda segundo o IEG (2013), tipicamente, o valor investido nesses tipos de pesquisa corresponde a até 10% do valor de aquisição da propriedade.

7.4 Ativação de Patrocínio

A aquisição de uma determinada propriedade de patrocínio, por si só, não garante o cumprimento de objetivos e de metas de Marketing.

Para gerar retorno, é imprescindível usufruir ao máximo das oportunidades que possam ser geradas a partir do patrocínio esportivo. Na verdade, a escolha de uma propriedade de patrocínio, muitas vezes, é determinada pelas oportunidades de ativação que possam ser geradas.

O objeto de patrocínio pode estar perfeitamente alinhado com os objetivos de Marketing, sem que atinja, espontaneamente, o nível de cobertura e de frequência de Mídia suficiente perante o(s) público(s)-alvo da ação.

O sucesso da atividade de patrocínio está diretamente relacionado às ações de ativação ou de alavancagem dessas propriedades.

Podemos dividir a ativação do patrocínio em três principais categorias: Operacionalização, Comunicação e Aquisição de Propriedades Adicionais.

7.4.1 Operacionalização

O acordo de patrocínio envolve uma série de direitos que precisam ser operacionalizados. Naturalmente, algumas dessas necessidades podem ser objetos de negociação com o detentor da propriedade:

a. **Serviços:** contratação de serviços como transporte, hospedagem, segurança e receptivo;
b. **Criação:** desenvolvimento de material de Comunicação, como convites, sinalização e vídeos institucionais;
c. **Brindes e *Sampling*:** desenvolvimento de produtos ou embalagens especiais para ações promocionais junto a convidados, imprensa e espectadores do evento, assim como contratação de promotores;
d. **Produção:** montagem e ambientação de camarotes, tendas promocionais e quiosques para venda e demonstração de produtos.

7.4.2 Comunicação

Como já vimos, muitos objetos de patrocínio não são capazes de entregar o nível de Mídia espontânea desejado pelo patrocinador. Podemos dizer, inclusive, que isso é regra, e não exceção. Por isso, é necessário investir, paralelamente, em ações de Comunicação que suportem essa eventual deficiência do patrocínio.

- **Publicidade**
  Adquirir espaço publicitário em veículos de Comunicação, tanto esportivos quanto setoriais, assim como utilizar-se de seus próprios veículos de Comunicação, como website, intranet, newsletter e redes sociais, para disponibilizar conteúdo, são estratégias eficientes para amplificar o reconhecimento e o entendimento da mensagem pelo(s) público(s)-alvo desejados.
  Como conteúdo, costuma-se utilizar a imagem de atletas para atrair a atenção e endossar a mensagem para o público-alvo.

- **Assessoria de Imprensa**
  A contratação de profissionais especializados no trato com a imprensa fornece aos veículos de Comunicação, esportivos e setoriais, informações atualizadas e conteúdo a respeito da ação de patrocínio.
  Esse conteúdo é composto por *press releases* e fotos de interesse público que destaquem a marca do patrocinador.

Por meio desse artifício, cresce substancialmente a chance de veiculação de conteúdo jornalístico a respeito da ação, atingindo públicos específicos, como investidores e distribuidores, além do cliente final.

7.4.3 Propriedades Adicionais

Em alguns casos, o pacote de patrocínio contratado já inclui propriedades assessórias, visando à sua ativação. Contudo, é muito recorrente que a empresa deva solicitar ou providenciar, junto ao detentor da propriedade, uma série de benefícios adicionais, tais como:

a. **Ingressos convencionais:** adquirir uma cota de ingressos para o evento, a qual deve ser distribuída a funcionários, consumidores e colaboradores, garantindo que parte dos interessados acompanhe a ação in loco;
b. **Ingressos VIP:** adquirir ingressos de maior valor agregado para receber funcionários de alto escalão, tanto da própria empresa quanto de clientes corporativos, caso já não estejam contemplados no pacote de patrocínio;
c. **Aparições públicas:** utilizar-se da presença de atletas em jantares de negócios, noites de autógrafos, eventos exclusivos ou feiras setoriais é uma estratégia muito valorizada pelos clientes, gerando possibilidades únicas de relacionamento e aumentando a percepção de legitimidade da ação de patrocínio;
d. **Exposição pública:** no caso específico de algumas modalidades, o equipamento de competição atrai igualmente a atenção do público, seja em locais de grande circulação ou em eventos fechados. Nos Esportes a motor, por exemplo, a exposição pública de réplicas dos veículos de competição, que costuma estar sujeita ao calendário de eventos, é uma forma consagrada de ativação do patrocínio.

Asas para o Marketing Esportivo

A Red Bull talvez seja a marca mais empenhada em levar às nuvens o conceito de Marketing Esportivo Integrado.

Desafiada a criar o mercado de bebidas energéticas, categoria de produto cuja demanda era totalmente desconhecida, a companhia aposta um terço de seu faturamento em Comunicação, e grande parte disso no Esporte.

Além de tornar-se um dos maiores patrocinadores esportivos em todo o mundo, promovendo o Marketing Esportivo como plataforma eficaz para conquistar junto ao público-alvo a imagem desejada, a Red Bull se propôs a adotar estratégias inovadoras, que vêm revolucionando o conceito de Marketing Esportivo nas organizações.

Inicialmente, a companhia apostou em eventos proprietários e em patrocínio de atletas, em Esportes inusitados e radicais, alguns de pouquíssima expressão, que representariam um valioso conteúdo, muitas vezes exclusivo, traduzido em muita Mídia espontânea e posicionamento diferenciado.

Com o tempo, a companhia decidiu dar voos mais altos. Para criar vantagem competitiva, mesmo investindo em modalidades mais tradicionais, como Futebol e Automobilismo, optou por assumir o controle administrativo de equipes esportivas, alcançando incríveis resultados, como os desejados títulos mundiais de pilotos e equipes na Fórmula 1.

O melhor de tudo é que a Red Bull parece entender perfeitamente a dinâmica do comportamento dos fãs, encontrando legitimidade naquilo que faz, apostando no espírito esportivo em vez de simplesmente explorar uma oportunidade midiática.

Não bastasse utilizar com habilidade o conteúdo exclusivo em meios tradicionais e redes sociais, a multinacional de origem austríaca resolveu assumir a produção e a distribuição do conteúdo, investindo em canais próprios de Comunicação, como a Red Bulletin, revista semanal nos Estados Unidos, e a Red Bull TV, canal que conta com programação ao vivo e sob demanda, disponível tanto na web quanto para dispositivos móveis.

Essas ousadas estratégias parecem estar dando certo: a Red Bull fatura 5 bilhões de euros por ano e domina 40% do mercado mundial de bebidas energéticas.

7.5 Mensuração de Resultados de Patrocínios

O patrocínio esportivo costuma consumir uma parte importante da verba de Marketing das organizações. Sendo assim, esse investimento precisa ter o seu retorno avaliado criteriosamente.

Com isso, é possível justificar o desembolso junto a superiores e acionistas, assim como decidir pela continuidade da ação nos eventos seguintes, pelo ajuste de estratégias de ativação, negociação do valor da propriedade ou descontinuidade do acordo.

Figura 7.3 Etapas do fluxo de reações dos clientes

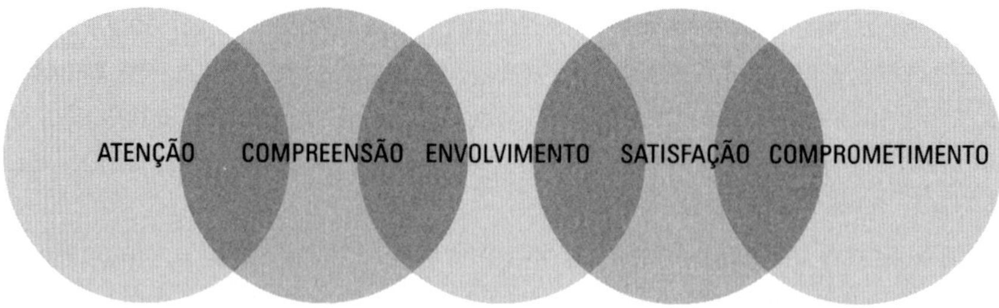

7.5.1 Retorno sobre o Investimento

Para calcular o retorno sobre o investimento (ROI) em uma ação de patrocínio, é necessário compreender as etapas que compõem o fluxo de reações dos clientes (SPONSORMAP, 2010), como vemos na Figura 7.3.

a. **Atenção:** na primeira etapa, que consiste em atrair a atenção dos fãs, é necessário que haja a exposição de marca;
b. **Compreensão:** o passo à frente trata de fazer com que essa mensagem seja entendida pelos fãs, o que requer frequência e ações de ativação;
c. **Envolvimento:** o passo seguinte envolve a relação emocional dos fãs pelo Esporte e o consequente envolvimento com as marcas que o apoiam;
d. **Satisfação:** o quarto passo refere-se à reação positiva dos fãs em relação às marcas, por meio da atividade de patrocínio;
e. **Comprometimento:** concluídas com sucesso as etapas anteriores, chega o momento de avaliar a mudança de atitude dos consumidores em relação à propensão de compra de produtos ou serviços do patrocinador.

7.5.2 Mensuração por Objetivos

Existem diversas ferramentas de mensuração de resultados de patrocínio, principalmente métodos quantitativos.

Contudo, em um contexto mais amplo, seria lógico utilizar esses métodos para medir o retorno baseado nos objetivos do patrocínio.

Para cada um desses objetivos – ou cada grupo deles – convém utilizar um determinado método de aferição.

- **Objetivo: Visibilidade de Marca**

Da mesma forma que o conhecimento e a visibilidade de marca são os objetivos que mais se repetem no patrocínio esportivo, o método de mensuração de retorno ligado a eles é o mais conhecido: o Valor Publicitário Equivalente (ou EAV, em Inglês).

Para medir e valorar a exposição da marca do patrocinador, o EAV utiliza métodos quantitativos e bastante objetivos. Basicamente, trata-se do cruzamento entre os seguintes dados:

a. **Espaço ocupado na Mídia:** monitoramento do espaço/tempo ocupado pelo patrocinador nos meios de Comunicação. Envolve um trabalho minucioso de minutagem (no caso da Mídia eletrônica) e de centimetragem (para a Mídia impressa), ao qual a marca do patrocinador é exposta em virtude de um determinado acordo de patrocínio;
b. **Valoração do espaço:** a partir do levantamento de informações sobre o espaço ocupado, esses dados são cruzados com o preço de mercado (ou tabela) para a veiculação de anúncios naqueles determinados veículos de Comunicação;
c. **Inerência ao público-alvo:** para concluir o estudo, é conveniente cruzar o perfil da audiência desses veículos com o público-alvo do patrocinador. Essa é a forma mais coerente de comparar o retorno do patrocínio com outros investimentos na aquisição de espaço na Mídia.

Como se trata de um método quantitativo, é muito importante que, na contratação do patrocínio, sejam estabelecidas metas de exposição de marca. Só assim será possível concluir, racionalmente, se o retorno realmente atende às expectativas do investidor.

- **Objetivo: Conhecimento de Marca**

Sem dúvida, a exposição de marca é um grande passo para o seu conhecimento. Porém, quando se trata de conhecimento de marca, passamos a envolver métodos qualitativos, ainda que os resultados possam ser medidos de forma objetiva pela pesquisa de Marketing.

Vale dizer que é preciso mensurar não apenas o quanto a marca foi exposta, mas qual o conhecimento efetivamente gerado na mente do consumidor. Dessa forma, recomenda-se que o levantamento seja feito em duas etapas complementares:

a. **Situação pré-evento:** o primeiro passo é verificar, por meio de pesquisa quantitativa e/ou qualitativa, qual o nível de conhecimento da marca do patrocinador perante o seu público-alvo e, principalmente, os fãs de um determinado atleta, equipe ou evento esportivo. Esse levantamento deve ser feito antes do início da vigência do acordo de patrocínio;

b. **Situação pós-evento:** o próximo passo é realizar a(s) mesma(s) pesquisa(s), durante e após o período contratado, podendo comparar os resultados efetivos em cada momento.

   Mais uma vez, estabelecer objetivamente qual o incremento esperado no conhecimento da marca será a chave para avaliar o cumprimento das expectativas do patrocinador.

- **Objetivo: (Re) Posicionamento de Marca**
  Mensurar o cumprimento do objetivo de posicionamento (ou reposicionamento) requer, obviamente, entender eventuais mudanças na percepção do consumidor em relação a uma determinada marca.

Trata-se de um estágio avançado, um passo adiante do conhecimento de marca. Da mesma forma, esse objetivo torna a análise mais complexa e carrega certo grau de subjetividade. Desse modo, métodos de pesquisa qualitativa, como pesquisa ad hoc e grupos-foco, costumam ser os mais indicados.

Portanto, esse levantamento tem vital importância para aferir se o patrocínio influiu diretamente na mudança de comportamento desejada.

Um método bastante eficiente é contatar espectadores de um determinado evento esportivo, por meio de um levantamento prévio de dados, logo após a realização do evento. Não se aconselha que a pesquisa seja coletada no local do evento, pois o entrevistado poderá recorrer ao seu campo visual e auditivo para responder à pesquisa, distorcendo os resultados.

Para que o efeito seja o melhor possível, é importante avaliar dois pontos:

1. **Reconhecimento de marca;**
2. **Mudança de comportamento em relação à marca.**

Para transferir à marca e aos produtos do patrocinador os valores do Esporte, os fãs precisam, antes de tudo, reconhecer o seu próprio envolvimento com o evento esportivo. Por isso, a parte introdutória da pesquisa deve relevar, objetivamente, até que ponto os fãs reconhecem, ou melhor, recordam-se dessa ação. Algumas questões são fundamentais:

1. Quais patrocinadores do evento o fã reconhece espontaneamente?
2. Em uma questão dirigida, dada uma lista de marcas, quais delas o fã é capaz de reconhecer como patrocinadores do evento?

Uma vez que um determinado fã reconhece o patrocinador, pode-se medir com mais precisão as mudanças de comportamento impulsionadas pela ação de patrocínio. Algumas respostas desejadas são constantes e outras dependem de objetivos específicos ou teses elaboradas pelo patrocinador. Obviamente, profissionais de pesquisa especializados podem chegar a essas conclusões por meio de diferentes perguntas e métodos.

1. Qual a percepção do consumidor em relação à marca?
2. O consumidor está disposto a dar preferência aos produtos da marca?

- **Objetivo: Estímulo às Vendas**

  Como já vimos, os objetivos anteriores, de alguma forma, visam a refletir nas vendas de uma determinada marca ou produto. Porém, em muitos casos, este pode ser o objetivo principal.

  Mensurar o efeito do patrocínio sobre as vendas é uma missão árdua. Naturalmente, existe uma grande dificuldade em atribuir as vendas de um produto a qualquer ação de Comunicação isolada, como é o caso do patrocínio esportivo. Isso porque os resultados em vendas dependem de muitos outros fatores, como economia, mercado e todo o mix de Marketing, incluindo outras ações de Comunicação.

  Sendo assim, um aumento das vendas totais pode não estar ligado ao patrocínio, assim como uma queda nas vendas pode ter sido atenuada por essa iniciativa.

  Contudo, a mensuração desse objetivo é absolutamente possível. Pesquisas podem ser realizadas com os consumidores de um determinado produto, em um determinado período, comparando as vendas efetivas junto aos fãs da modalidade ou da equipe esportiva diante daquela categoria de produtos. Em casos de sucesso, deve-se concluir que que a participação em vendas entre os fãs impactados pelo patrocínio é maior do que a média do mercado.

  As questões fundamentais são as seguintes:

  1. Qual a participação de mercado do patrocinador entre os fãs esportivos (A)?
  2. Qual a participação de mercado do patrocinador, diante do mercado em geral (B)?

  Na equação [(A - B) / B], chega-se ao incremento percentual nas vendas. Conhecendo o percentual que os fãs da modalidade representam entre os consumidores, pode-se estimar o volume e/ou o valor em vendas gerados pelo patrocínio.

- **Demais Objetivos**

  A mensuração de resultados efetivos dos demais objetivos de patrocínio é relativamente simples, ainda que limitada, basicamente, à quantidade de impactos gerados.

  Por exemplo, para o objetivo de gerar experimentação de um determinado produto, pode-se facilmente quantificar os fãs atingidos pela ação e comparar esse resultado à expectativa inicial.

De forma semelhante, o objetivo de estreitar o relacionamento com distribuidores pode ser avaliado pela quantidade de convidados que aceitaram o convite ou o perfil desses convidados e sua representatividade em vendas reais ou potenciais. Essa expectativa deve ser documentada com antecedência, proporcionando mensurar o cumprimento de metas de forma objetiva e isenta.

7.6 Licenciamento Esportivo para Empresas

Conforme o capítulo 4, o licenciamento de marca é uma ferramenta estratégica para as entidades esportivas. Porém, no ângulo de visão do mercado corporativo, existem outros aspectos que justificam implementar essa ferramenta, assim como avaliar as propriedades disponíveis.

7.6.1 Objetivos Estratégicos

O licenciamento de marcas esportivas fortes traz benefícios únicos para as empresas, ligados, sobretudo, aos objetivos de aumento das vendas e de posicionamento de marca:

a. Associar o seu produto a marcas amplamente reconhecidas e previamente aceitas pelo mercado, atraindo, automaticamente, seguidores fiéis;
b. Atingir novos segmentos de mercado, como sexo, faixa etária ou área geográfica;
c. Associar as marcas corporativa e esportiva, incorporando o valor de marcas vencedoras e tradicionais;
d. Reduzir custos de construção de marca e Comunicação;
e. Abrir novos canais de distribuição;
f. Aumentar a rentabilidade na venda dos produtos, a partir de um maior valor agregado;
g. Reduzir, de modo geral, o risco de lançamento de um novo produto no mercado.

7.6.2 Avaliação das Propriedades

Agora que já reconhecemos os benefícios do licenciamento para as empresas, é necessário conhecer os aspectos essenciais na seleção dessas propriedades.

- **Força da Marca**
  Naturalmente, o nível de envolvimento da marca esportiva com os seus fãs, além da quantidade e do perfil desses adeptos e torcedores, serão determinantes no impacto sobre o volume e a rentabilidade das vendas.

- **Atributos da Marca**

  Como vimos, o licenciamento não trata apenas de vendas, mas envolve, inevitavelmente, uma associação da imagem, que inclui uma troca de atributos entre as marcas e os produtos envolvidos. Sendo assim, como acontece para os patrocínios, os atributos da marca esportiva devem coincidir com aqueles desejados pelo licenciado.

- **Gerenciamento de Risco**

  As vendas de produtos licenciados estão, em parte, associadas ao desempenho esportivo. Com isso, os riscos diminuem quando partimos de atletas em direção a eventos esportivos, passando por equipes, em um ponto intermediário.

  Por outro lado, isso não significa dizer que os acordos de licenciamento de eventos esportivos sejam necessariamente mais atrativos, já que são perecíveis ao tempo e exigem uma previsão antecipada da demanda para um pico de vendas em um curto espaço de tempo.

- **Sinergia com a Categoria de Produtos**

  Embora o universo de oportunidades seja muito amplo, certamente algumas marcas esportivas se enquadram melhor às características de determinadas categorias de produtos em relação às demais. Por isso, é necessário identificar quais propriedades disponíveis no mercado melhor se adequam à categoria de produtos envolvida.

- **Expertise em Licenciamento**

  Como vimos no capítulo 4, o sucesso do programa de licenciamento esportivo pode ser em boa parte atribuído à sua organização, e não apenas à força da marca.

  Desse modo, é importante buscar propriedades que tenham um plano bem estruturado para o licenciamento da marca e sejam capazes de responder às requisições dos licenciados.

  Para definir esse conceito, podemos considerar alguns elementos importantes do programa de licenciamento:

  a. Recursos humanos dedicados ao programa de licenciamento, desde a fase de aprovação do produto;
  b. Direitos adjacentes à propriedade, como prever o uso da imagem de atletas, sem custo adicional;
  c. Qualidade e complexidade do guia de estilo da marca para orientar a aplicação para produtos e embalagens;
  d. Informações detalhadas e atualizadas sobre os fãs;
  e. Canais de Comunicação e interatividade da marca junto aos fãs;
  f. Canais próprios e acordos de distribuição que facilitem o acesso dos fãs aos produtos.

7.7 Oportunidades de Negócios na Mídia

Não obstante a compra de espaço durante as transmissões esportivas não seja propriamente Marketing Esportivo, muitas vezes ela está incorporada a ações de patrocínio, ou mesmo licenciamento.

No cenário ideal, os pacotes de patrocínio já envolvem ou reservam essas propriedades de Mídia. A aquisição de cotas está intimamente ligada ao conhecimento e ao posicionamento de marca.

Nas transmissões de TV, por exemplo, os pacotes comerciais de eventos esportivos costumam incluir:

- Inserções comerciais na abertura, no encerramento e nos intervalos do evento;
- Vinhetas e curtas inserções de vídeo durante a transmissão, boletins e programas especiais;
- Assinatura de chamadas para a transmissão, realizadas ao longo da programação, nos dias que antecedem o evento;
- Eventuais espaços publicitários no perímetro de competição, geralmente com foco das câmeras de TV, cujos direitos de exploração pertençam ao veículo de Mídia.

O patrocinador pode, ainda, negociar diretamente com veículos de Mídia a exposição da propriedade patrocinada, ou mesmo encomendar junto a terceiros a produção de conteúdo exclusivo, assumindo papéis que normalmente cabem a entidades esportivas, desde que respeite os limites dos direitos de Mídia de todos os envolvidos.

No capítulo 5, já reconhecemos as necessidades do Esporte em relação à Mídia, cujo conhecimento é fundamental para que as empresas encontrem as melhores oportunidades.

7.8 Oportunidades de Negócios nas Arenas

Como vimos no capítulo 6, existem muitas oportunidades de negócios voltados às empresas nas arenas esportivas.

Em primeiro lugar, podemos citar oportunidades para fornecedores, produtos e serviços utilizados na construção e na exploração das arenas, desde fibra ótica e louça sanitária, até catering e gestão de estacionamentos, mantendo o foco, principalmente, na demonstração de seus produtos e serviços.

Outra grande oportunidade que as arenas esportivas podem oferecer às empresas está relacionada a acordos de locação para o uso de camarotes e outros espaços comerciais disponíveis, atendendo a objetivos de relacionamento com colaboradores, clientes e consumidores. A tomada de decisão costuma estar relacionada à proximidade da sede da empresa ou de onde está concentrada boa parte de seus principais clientes.

Capítulo 8

Marketing Básico

A principal missão deste capítulo é fornecer, aos leigos, parâmetros bastante sólidos sobre o pensamento de Marketing, assim como trazer um reforço para profissionais que já dominem a disciplina.

Sem dúvida, transmitir os conceitos básicos de Marketing em apenas um capítulo representa um grande desafio. Sendo assim, serão explorados, além dos conceitos fundamentais, aqueles temas implícitos ao estudo do Marketing Esportivo, de modo a sustentar o melhor entendimento de cada capítulo desta obra.

8.1 Demanda por Marketing

O notório aumento da competitividade, em todos os setores da economia, no final do século XX, reforçou a necessidade das organizações em entender seus mercados compradores, desenvolvendo estratégias sustentáveis em longo prazo.

A maior concorrência, em decorrência de alguns fatores básicos, permitiu que a cultura de Marketing avançasse no meio empresarial.

8.1.1 Comoditização

O avanço tecnológico da indústria equiparou a qualidade dos produtos (ou serviços) e reduziu sensivelmente o tempo de reação dos concorrentes, exigindo atitudes rápidas dos fabricantes (ou prestadores de serviço).

8.1.2 Globalização

A globalização, nos âmbitos social, cultural, político e comercial, acelerou bruscamente o aumento da concorrência, vinda de todos os cantos do mundo. Isso ocasionou uma urgência de evolução, por parte das empresas, para defender seus territórios, bem como para desenvolver estratégias a fim de dominar novos mercados.

8.1.3 Informação

O aumento das alternativas para os clientes e, principalmente, o incremento vertiginoso do nível de informação sobre esses produtos, a partir de mudanças culturais e tecnológicas, tornou o consumidor cada vez mais exigente e poderoso, demandando esforços extraordinários na compreensão e na realização de seus anseios de consumo.

8.2 Conceitos Básicos de Marketing

Marketing é uma forma de se fazer negócios, que tem como base o foco no cliente. Possui como meta a satisfação dos clientes em longo prazo, para atingir os objetivos organizacionais.

Essa filosofia reconhece a necessidade de obter e manter clientes como meio de atingir a sobrevivência e o crescimento das organizações. Tal conceito aplica-se a todo tipo de corporação, inclusive àquelas sem fins econômicos, como a maior parte das entidades esportivas.

O modo mais eficaz de conquistar o mercado é procurando entender e atender às necessidades e desejos dos consumidores.

8.2.1 Diferenciação

Entretanto, para conquistar e manter os clientes não basta satisfazê-los. É necessário agir de forma melhor do que a concorrência.

Se os produtos forem percebidos de maneira igual, o fator determinante será o preço, o que influi negativamente na rentabilidade de todas as organizações. Situação ainda mais grave no caso de produtos de qualidade inferior.

Para evitar esses problemas, otimizando as vendas e a rentabilidade, é preciso estabelecer diferenciais competitivos que sejam assim percebidos por um determinado grupo de consumidores.

Como as práticas mais bem-sucedidas costumam ser seguidas pela concorrência, o desafio é estabelecer diferenciais competitivos sustentáveis pelo menos em médio prazo, além de buscar, incessantemente, novos benefícios.

8.2.2 Segmentação

Assim como as pessoas, os clientes não são iguais. Cada um possui suas próprias características, necessidades, aspirações e recursos diante de uma determinada categoria de produtos.

Partindo dessa premissa, para atender a diferentes necessidades, são necessários produtos igualmente diferenciados. Mais do que isso, pode-se concluir que um mesmo produto não será capaz de satisfazer plenamente todos os consumidores. No cenário ideal, seria desenvolvido um produto exclusivo para atender perfeitamente a cada cliente, o que poucas vezes é viável.

A estratégia de segmentação trata do reconhecimento e do entendimento avançado dessas diferenças, permitindo reunir os clientes em grupos o quanto mais homogêneos possível. Contudo, o processo é dinâmico e constante, uma vez que o consumidor está em mudança contínua e as organizações demandam uma precisão e um detalhamento cada vez maiores sobre as expectativas do mercado.

Algumas características pessoais podem ter impacto decisivo na percepção sobre marcas e produtos, ou seja, a tomada de decisão de compra por parte dos consumidores e a consequente formação dos segmentos de mercado:

a. **Fatores sociodemográficos:** características como sexo, idade, estado civil, estrutura do núcleo familiar, ocupação, etnia, escolaridade e renda;
b. **Fatores geográficos:** características da região onde vive, como clima e relevo;
c. **Fatores culturais:** crenças, valores e costumes dos grupos de referência para o consumidor, como região, religião e tribo;
d. **Fatores psicológicos:** personalidade, caráter e comportamento social do indivíduo;
e. **Hábitos de compra:** frequência de compra, forma de uso dada ao produto e importância relativa da compra de uma determinada categoria de produtos.

8.2.3 Posicionamento

Uma vez conhecidas as necessidades e os desejos dos clientes, e definidos o perfil, o tamanho e o potencial de consumo de cada segmento de mercado, as empresas precisam decidir para quem e como ofertar seus produtos, o que chamamos de público-alvo.

O esperado é que decidam por grupos atrativos em termos de volume e rentabilidade, que não tenham suas expectativas plenamente atendidas pelos concorrentes, tendo assim mais chances de conquistá-los.

Todos os quatro elementos do mix de Marketing deverão ser direcionados para atender, com excelência, às expectativas desses grupos de clientes, a que se dá o nome de posicionamento.

Cada empresa deve procurar um posicionamento único de seus produtos na mente do seu público-alvo, destacando-se em comparação à oferta de seus concorrentes e evitando a decisão pelo menor preço.

8.3 Marketing Estratégico

Para que se mantenham competitivas em suas respectivas indústrias em longo prazo, as organizações precisam entender, com o máximo de antecipação e de correção possíveis, os movimentos do mercado e, principalmente, os aspectos que impulsionam essas mudanças.

O quanto antes estiverem aptas a enxergar, e quanto mais rápido puderem agir, melhor poderão aproveitar oportunidades e defender-se das ameaças do ambiente com mais eficiência que seus concorrentes.

O Marketing Estratégico estuda, justamente, o cenário de momento e as tendências inseridas nos ambientes onde vivem as corporações, assim como os possíveis impactos sobre os negócios. Esse olhar de fora para dentro permite conhecer as oportunidades e as ameaças do mercado, reconhecendo a capacidade atual da empresa em enfrentá-las.

8.3.1 Análise do Ambiente Externo

Para que a velocidade e a constante aceleração das mudanças não surpreendam as organizações, é de vital importância monitorar o ambiental externo, ou seja, o cenário

Figura 8.1 Ambiente Estratégico

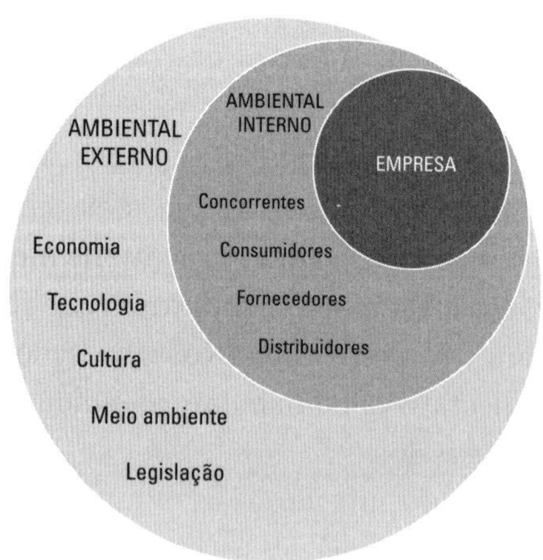

e as tendências de fora da indústria que impactam, direta ou indiretamente, sobre todos os negócios, como o Esporte, com efeitos menos ou bruscos.

a. Ambiente Econômico;
b. Ambiente Sociocultural;
c. Ambiente Tecnológico;
d. Ambiente Político-Legal;
e. Ambiente Natural.

8.3.2 Análise do Ambiente Interno

As tendências do ambiente externo, em cada mercado, certamente afetam as empresas de uma forma diferente, de acordo com os recursos disponíveis a cada uma delas, o que determina os meios possíveis para aproveitar as oportunidades e defender-se das ameaças do mercado, quando comparadas à concorrência.

a. Recursos humanos;
b. Tecnologia;
c. Recursos financeiros;
d. Participação de mercado.

Portanto, não se trata propriamente de um estudo isolado de uma organização, mas de seu papel e de sua situação na indústria em que está inserida.

Figura 8.2 Matriz competitiva da indústria

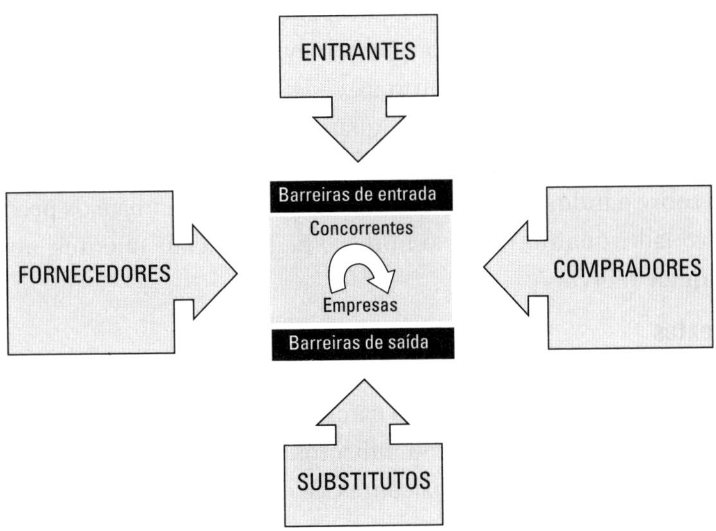

Fonte: PORTER (1979).

8.3.3 Análise Competitiva

É consenso geral, no mundo dos negócios, reconhecer a importância de analisar a concorrência. Entretanto, quando faltam critérios técnicos, é comum não observar toda a complexidade estratégica envolvida nesse processo, ou mesmo criar discussões conceituais sem fim.

A Matriz Competitiva da Indústria (PORTER, 1991) estuda não apenas os diferentes aspectos da concorrência, como também as forças externas que impactam sobre o funcionamento de uma determinada indústria.

- **Fornecedores**
  As pessoas e as organizações que provêm recursos para uma determinada indústria são chamadas de fornecedores. Quanto mais escassos esses recursos, maior o seu poder de negociação perante as instituições (chamaremos de fabricantes) que competem por aquele mesmo mercado, gerando, consequentemente, um aumento de custos.

  Como os fornecedores disputam uma fatia do faturamento total da indústria, são parte integrante dessa competição. Quando ocorre o inverso, os recursos são abundantes e o poder de barganha dos fabricantes aumenta, tornando aquela determinada indústria mais atraente e rentável.

- **Compradores**
  De outro lado, estão os compradores. Grupo formado pelos indivíduos ou organizações que adquirem os produtos e os serviços produzidos pela indústria em questão.

  É interessante observar que a relação entre empresas e compradores é exatamente igual ao que ocorre com fornecedores e empresas. Ou seja, perante cada uma das pontas, as empresas ocupam, inevitavelmente, o papel de compradores e fornecedores, em cada momento da cadeia de distribuição.

  Portanto, vale a mesma regra: quanto menor o número e o nível de dependência dos compradores àquela determinada categoria de produtos, maior a sua pressão sobre a indústria, forçando a qualidade para cima e os preços para baixo. Por outro lado, quanto maior o número de potenciais clientes, maior a atratividade daquele mercado.

- **Concorrentes**
  São chamados de concorrentes aquelas empresas que disputam um mesmo mercado, utilizando-se de uma mesma categoria de produtos. Assim começa a cair o mito dos concorrentes diretos ou indiretos. Fabricantes de cerveja, por exemplo, são concorrentes de outros fabricantes de cerveja, que disputam um determinado grupo de consumidores.

Embora lutem pelos mesmos compradores, o movimento dos concorrentes, em termos de participação de mercado, costuma ser mais lento, o que gera certo grau de segurança entre os integrantes dessa classe, já que o crescimento de um significa ocupar um espaço deixado por outro.

Por esse motivo, empresas concorrentes costumam se sentir relativamente confortáveis em suas posições e, normalmente, procuram criar barreiras conjuntas contra entrantes e substitutos, como veremos a seguir.

- **Entrantes**

Expandindo o conceito de concorrência, chegamos aos entrantes. Entrantes são empresas recém-chegadas (ou a caminho), que produzem a mesma categoria de produtos que os atuais integrantes daquela indústria.

Continuando no exemplo das cervejas, podemos nos referir a uma marca de cerveja irlandesa iniciando suas atividades na Ásia.

Os entrantes são considerados mais ameaçadores que os concorrentes, pois buscam se posicionar no espaço já ocupado por outras empresas. Cada fatia de mercado que conquistarem vai, necessariamente, gerar uma perda de participação para um ou mais concorrentes atuais.

- **Substitutos**

Os substitutos representam a espécie mais ameaçadora de competição. Este grupo é formado por empresas – ou indústrias inteiras – que produzem uma diferente categoria de produtos dos concorrentes atuais, mas que pode substituí-los, já que atende às mesmas necessidades.

Um exemplo é forma com que os computadores pessoais devastaram a indústria de máquinas de escrever ou como as câmeras digitais reduziram drasticamente o negócio de filmes fotográficos.

- **Barreiras de Entrada**

Para se defender das investidas de entrantes e substitutos, a indústria costuma estabelecer barreiras de entrada naturais ou criadas voluntariamente.

Quanto maiores e mais sólidas as barreiras de entrada, menor o risco de interferência externa e, por consequência, maior a atratividade para os integrantes de uma determinada indústria.

As barreiras de entrada podem ser: (a) culturais, como um relacionamento de décadas com os compradores; (b) políticas, como leis e taxas que inibem a entrada de empresas estrangeiras; ou (c) econômicas, como a exigência de um grande nível de investimento em infraestrutura ou Comunicação.

- **Barreiras de Saída**

  Se as barreiras de entrada defendem os concorrentes atuais, as barreiras de saída representam uma ameaça à indústria. Quanto maiores as barreiras de saída, menor a atratividade da indústria, pois, em caso de insucesso, a dificuldade ou os custos para se abortar o projeto podem gerar prejuízos ainda maiores.

  Fazem parte deste grupo: (a) barreiras culturais, como o compromisso com os acionistas, com os funcionários e com a comunidade; (b) barreiras econômicas, como um parque industrial que não tem valor de mercado; ou (c) barreiras políticas, como leis e contratos que impeçam a dissolução imediata do negócio.

8.3.4 Oportunidades e Ameaças

A partir do cruzamento das informações levantadas nas análises ambiental interna, externa e competitiva, torna-se necessário analisar os prováveis efeitos dessas tendências e até que ponto uma determinada organização está estruturada para conquistar os melhores resultados.

Para um melhor entendimento, esta análise costuma ser realizada de forma gráfica, conhecida como SWOT, as iniciais em Inglês para Potencialidades, Fragilidades, Oportunidades e Ameaças. Por isso a chamamos, em Português, de matriz PFOA.

Depois de conhecer os pontos fortes e fracos da organização, confrontamos esses dados com a análise do ambiente externo, do ambiente interno e da matriz competitiva da indústria. Assim, podemos reconhecer as principais ameaças e oportunidades, gerando estratégias para enfrentá-las ou aproveitá-las.

Figura 8.3 Matriz PFOA

8.4 Marketing Operacional

O Marketing Operacional, conhecido como composto de Marketing, mix de Marketing, ou ainda 4Ps, trata dos elementos básicos que compõem as estratégias das empresas. São eles: Produto, Preço, Praça e Promoção.

Deve haver total sinergia e coerência entre as estratégias adotadas para cada um desses elementos, na busca de objetivos de Marketing em comum. Em outras palavras, os elementos do mix formam uma engrenagem interdependente, movida pelas vontades do mercado, ou seja, clientes e consumidores.

8.4.1 P1: Produto

Trata-se do meio pelo qual as empresas procurar atender às necessidades e aos desejos de seus clientes. No Marketing, este termo engloba tanto produtos físicos quanto serviços.

- **Ciclo de Vida do Produto**

  Analisando o comportamento histórico de marcas e produtos, pode-se reconhecer que todos estão fadados a um fim.

  O papel dos gestores de Marketing é otimizar os resultados durante cada etapa desse ciclo e prolongar a atratividade de marcas e produtos para o mercado, ao longo do tempo, reconhecendo que, em algum momento, morrerão.

Figura 8.4 Mix de Marketing

Figura 8.5 Ciclo de Vida do Produto

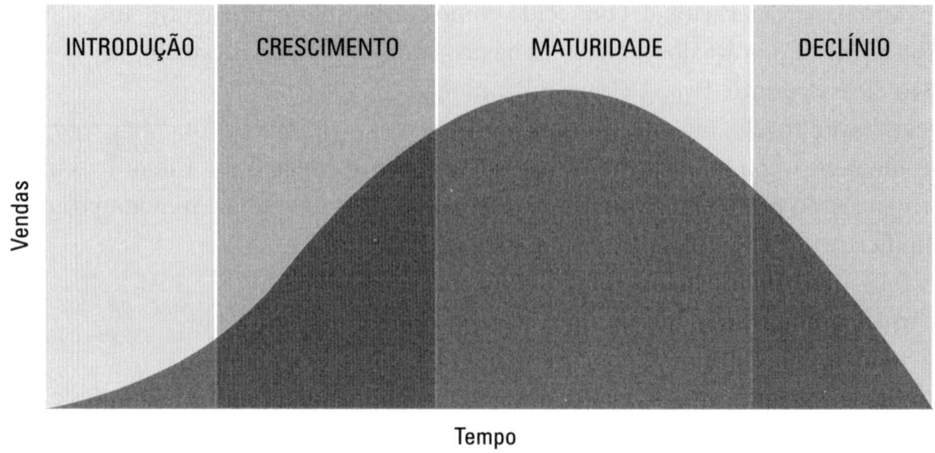

Conceitualmente, o Ciclo de Vida do Produto é dividido em quatro etapas distintas: Introdução, Crescimento, Maturidade e Declínio. Para cada tecnologia, categoria de produtos ou produto em si, cada etapa será cumprida em ritmos diferentes. Cada etapa possui características próprias, exigindo diferentes decisões estratégicas para cada momento.

a. **Introdução**

Esta fase se inicia com o lançamento do produto no mercado, onde costuma existir um grande investimento, principalmente na divulgação do produto, e crescimento lento das vendas, gerando um fluxo de caixa negativo.

b. **Crescimento**

Quando o produto já é conhecido pelo mercado e está presente nos principais canais de distribuição, entramos na fase de crescimento.

Nesta etapa, as vendas crescem aceleradamente, chegando perto de seu potencial máximo, passando a gerar rentabilidade. As ações de Marketing visam a aumentar a frequência de compra por parte dos consumidores e a responder às investidas da concorrência, que se tornam mais frequentes e incisivas.

c. **Maturidade**

Na etapa de maturidade, o produto já está acessível para todo o mercado potencial, e, por isso, as vendas desaceleram drasticamente, chegando a um período de estabilidade ou de leve declínio, afastando boa parte dos concorrentes. Os investimentos são menores e as vendas aproximam-se do pico.

Como esta é a fase de maior rentabilidade, as ações de Marketing procuram manter as vendas em um nível aceitável e estendê-la pelo maior tempo possível.

d. **Declínio**

A fase de declínio é marcada pela desaceleração das vendas, resultado de uma mudança de hábito dos consumidores ou de uma investida de alguma marca concorrente.

Como a rentabilidade cai, os gestores da marca podem optar por adotar ações de Marketing que busquem retomar as vendas ou aceitar as novas condições do mercado, reduzindo drasticamente os investimentos, mantendo o produto no mercado enquanto houver rentabilidade, ou ainda decidindo descontinuá-lo.

8.4.2 P2: Praça (Distribuição)

A distribuição trata do meio para disponibilizar os produtos e os serviços aos clientes e consumidores.

Pode ser o meio de comercialização, como televendas ou internet, ou os canais tradicionais, como lojas de rua e centros comerciais, que combinam venda e pronta-entrega no mesmo local.

- **Objetivos Principais**
  a. Tornar o produto acessível ao público-alvo;
  b. Agregar valor ao mix de Marketing, já que passa a ser parte integrante da imagem percebida de marcas e produtos;
  c. Garantir a rentabilidade do fabricante e dos distribuidores.
- **Modelos de Distribuição**
  - **Distribuição Exclusiva ou Própria**
    Quando toda a distribuição é realizada diretamente pelo fabricante ou por meio de uma rede exclusiva da marca.
    Para as marcas, traduz-se em controle absoluto sobre preço e Comunicação no ponto de venda, embora possa restringir o volume de vendas.
  - **Distribuição Seletiva**
    Refere-se à seleção criteriosa de um determinado número de distribuidores, de acordo com o posicionamento de produtos e de marcas da companhia.
    Controle relativo sobre Preço e Comunicação nos pontos de venda, com um nível intermediário de cobertura do mercado, dependendo da amplitude da rede de distribuidores.
  - **Distribuição Intensiva**
    Modelo que prioriza a pulverização das vendas, no maior número possível de canais de venda.
    Oferece maior cobertura do mercado e aumento do volume de vendas, mas com baixo controle sobre Preço e Comunicação praticados pelos distribuidores.

8.4.3 P3: Promoção (Comunicação)

A Comunicação é a forma com que esses produtos e suas respectivas marcas são divulgados para o mercado e, em um conceito contemporâneo, interagem com os consumidores.

A Comunicação pode ser: (a) institucional, com a função de fortalecer e construir a marca; (b) de produto, focada em apresentar benefícios e diferenciais dos produtos ou dos serviços oferecidos; ou (c) promocional, visando à divulgação de promoções e descontos.

- **Ferramentas de Comunicação**

  Existem diferentes caminhos para se atingir os objetivos de Comunicação das organizações:

  a. **Propaganda:** anúncios de TV, Rádio, Jornal, Revista e internet;
  b. **Marketing Direto:** telemarketing, e-mail Marketing e mala direta;
  c. **Merchandising:** exposição de marcas e de produtos, principalmente no ponto de venda;
  d. **Eventos:** convenções de vendas, seminários e feiras setoriais;
  e. **Patrocínio:** apoio esportivo, cultural ou social.

8.4.4 P4: Preço

Sabemos que Preço é o valor cobrado para entregar o produto ou o serviço para o mercado. Considera o valor percebido pelo consumidor diante das estratégias de Produto, Praça e Promoção apresentadas.

Isso significa dizer que o consumidor levará em conta o custo total de aquisição (tempo, esforços e recursos financeiros) do produto comparado ao desempenho esperado.

8.5 Sistema de Informação de Marketing

8.5.1 Pesquisa de Marketing

Como vimos, para atender às expectativas dos clientes, é necessário, antes de tudo, conhecê-las. Quanto mais se conhece os gostos, os hábitos e as aspirações dos clientes, maiores as chances de êxito ao desenvolver estratégias para satisfazê-los.

A pesquisa de Marketing é a principal ferramenta para entender o comportamento do consumidor e, principalmente, monitorar as mudanças rápidas e constantes dos clientes ao longo do tempo.

Figura 8.6 Sistema de Informação de Marketing

- **Pesquisa Quantitativa**

  A pesquisa quantitativa, como o nome sugere, procura quantificar opiniões, preferências e padrões de comportamento de um determinado grupo.

  Utiliza um questionário de perguntas fechadas, apresentado a uma amostra representativa do universo pesquisado, gerando resultados numéricos, com uma determinada margem de erro, de acordo com a qualidade da amostra.

- **Pesquisa Qualitativa**

  Na pesquisa qualitativa, os elementos principais são as percepções e os sentimentos de um grupo de pessoas, buscando mais profundidade em relação a um determinado tema.

  Devido ao tamanho reduzido da amostra, não serve como parâmetro estatístico para determinar o comportamento daquele universo de consumidores, mas costuma servir de base para a formulação de perguntas mais pertinentes no modelo quantitativo.

8.6 Comportamento de Compra do Consumidor

Cada indivíduo possui necessidades básicas que procura suprir ao longo de sua existência (MASLOW, 1954 apud KOTLER, 1998). Essas necessidades encontram-se de forma hierárquica, a qual determina a motivação e a prioridade para atendê-las, afetando o seu comportamento de compra.

O nível de satisfação do consumidor é o principal fator que leva à compra continuada e, por fim, à sua fidelização. Consumidores mais satisfeitos são menos sensíveis a preço e às ações dos concorrentes, portanto leais por mais tempo e mais rentáveis.

Da mesma forma, clientes fiéis recomendam o produto para outros consumidores, enquanto os insatisfeitos denigrem a imagem do produto com intensidade ainda maior.

Sendo assim, a satisfação do consumidor é um sentimento pós-compra.

Mas o mecanismo que leva à satisfação do consumidor está baseado em suas expectativas no momento da compra. Se essas expectativas forem superadas, o consumidor, provavelmente, irá repetir a compra. Caso o desempenho não corresponda ao esperado, ficará insatisfeito e desestimulado a novas compras. Isso significa dizer que atender ao que o consumidor espera de um produto ou serviço é básico e pode não ser suficiente para manter sua fidelidade. É preciso encantá-lo e surpreendê-lo.

Entender o processo de satisfação do consumidor é essencial para derrubar o mito de que o Marketing trata de mentir ou exagerar sobre os benefícios dos produtos, já que isso traria expectativas exageradas, gerando um óbvio descontentamento dos clientes e impedindo o crescimento das vendas ao longo do tempo.

8.6.1 Papéis de Compra

Durante o processo de tomada de decisão de compra, aquele que chamamos de consumidor desempenha diferentes papéis, que podem ser executados por agentes diversos ou por apenas um indivíduo.

Sendo assim, o consumidor deve ser conquistado ao desempenhar cada um destes papéis, para os quais podem ser exigidas estratégias diferenciadas:

a. **Iniciador:** aquele que dá início ao processo de compra, a partir do reconhecimento da necessidade;
b. **Influenciador:** aquele que apresenta influência sobre a tomada de decisão;
c. **Comprador:** aquele que, efetivamente, realiza a aquisição do produto ou do serviço;
d. **Usuário:** aquele ao qual o produto é, de fato, destinado para o uso;
e. **Decisor:** aquele que verdadeiramente decide qual a melhor alternativa de compra.

8.6.2 Etapas de Compra

Ao realizar uma compra, os indivíduos seguem um determinado padrão de conduta que, de forma geral, pode ser adaptado não apenas para a compra de qualquer tipo de produto ou de serviço, como também ser empregado de uma forma mais abrangente, como o consumo de informação, por exemplo.

Para os clientes corporativos, esse processo é um pouco mais complexo, mas, de modo geral, segue o mesmo percurso, antes da aprovação. Reconhecer esse caminho é importante para adotar estratégias que atendam aos anseios do consumidor em cada um desses momentos.

Figura 8.7 Etapas de Compra

8.7 Plano de Marketing

O Plano de Marketing é a documentação que orienta os gestores para caminhar por uma determinada linha estratégica. Ele é composto por etapas subsequentes e interdependentes.

Mesmo antes de o plano ser colocado à prova, a sua qualidade pode ser medida pela coerência entre o cenário atual e as estratégias propostas.

8.7.1 Etapas do Plano de Marketing

1. **Situação Atual**
   Etapa geralmente mais extensa, que consiste no levantamento de dados secundários sobre a história da organização, sua missão, visão e valores, histórico de vendas e participação de mercado.

2. **Análise Ambiental**
   Análise das tendências dos ambientes externo e interno que poderão afetar, direta ou indiretamente, os negócios da companhia, assim como exame da matriz competitiva da indústria.

   A etapa será concluída com a aplicação da análise SWOT, que irá orientar as fases subsequentes.

3. **Objetivos de Marketing**
   A partir da análise SWOT, serão traçados objetivos que visam a aproveitar as oportunidades e minimizar as ameaças do mercado.
   Devem ser estabelecidos objetivos qualitativos, por prioridade, tomando cuidado para não se determinar um número excessivo de objetivos que não poderá ser cumprido.

4. **Estratégias de Marketing**
   Esta etapa é o coração do Plano de Marketing, pois exigirá criatividade e alinhamento com as etapas anteriores.
   Depois de definidos os objetivos, o gestor de Marketing deve estabelecer as estratégias necessárias para atendê-los, de acordo com os recursos disponíveis.
   As estratégias devem cobrir, basicamente, os 4Ps do Marketing, embora possam envolver ajustes relativos à produção e à estrutura organizacional.
   É interessante observar que uma determinada estratégia pode cobrir um ou mais objetivos, da mesma forma que atingir um único objetivo pode demandar diversas estratégias.

5. **Plano de Ação**
   Trata do detalhamento de cada uma das atividades a serem desenvolvidas, de acordo com as estratégias planejadas, para que se possa conhecer os recursos necessários para a implementação do plano.
   Cada estratégia costuma envolver a implementação de uma série de ações.

6. **Metas de Marketing**
   Agora que os objetivos e estratégias estão definidos, devem ser estimadas quais as metas quantitativas – quantidades, percentuais e valores – que podem ser esperadas.

7. **Análise Financeira**
   A partir da análise dos recursos necessários para implementar o plano de ação, bem como da definição das metas quantitativas, pode ser calculado o retorno esperado mediante à implementação do plano.

8. **Estratégias de Controle**
   Para mensurar se o plano conseguiu cumprir, efetivamente, os objetivos, devem ser desenvolvidas estratégias de controle, como pesquisas e relatórios.
   O controle deve ocorrer paralelamente à implementação das ações, de forma que possa corrigir a tempo as imperfeições do plano.

Glossário de Marketing

No estudo do Marketing, algumas palavras, mesmo corriqueiras, apresentam um significado diferenciado ou mais específico em relação àquele usado na linguagem popular. Compreender o significado mercadológico desses termos facilita o entendimento geral.

Backdrop: painel que serve de cenário de fundo para entrevistas, por exemplo.

Benchmarking: trata-se de buscar e examinar as melhores práticas de mercado em uma determinada indústria.

Cliente: pessoa jurídica, que pode ser tanto um distribuidor como um cliente final corporativo. Este termo também pode ser usado de forma mais ampla, englobando, também, o consumidor final.

Consumidor: cliente final pessoa física.

Dados secundários: informações já disponíveis para a organização, seja por meio de pesquisas de terceiros ou de dados internos. Dados primários são informações levantadas com o fim exclusivo de responder a questões específicas por parte da organização.

Indústria: grupo de empresas que disputam um mesmo mercado.

Meio (de Comunicação): o formato de entrega da Mídia, como TV, Rádio, Jornal, Revista ou internet.

Mercado: grupo de consumidores ou clientes que consomem uma determinada categoria de produto.

Merchandising: o uso consagrado no Brasil é para uma ferramenta de Publicidade, mas a melhor tradução do termo em Inglês é comercialização, ou se preferir, promoção de vendas.

Missão: declaração dos mecanismos pelos quais a empresa espera conquistar o mercado.

Nicho: um pequeno segmento com perfil muito específico, pouco explorado, geralmente menor em tamanho, mas com grande potencial de venda.

Sampling: distribuição de amostras de produtos.

Segmento: subdivisão de mercado, ou seja, subgrupo de consumidores.

Valores: são os aspectos sociais e mercadológicos que devem nortear a administração de uma determinada organização.

Veículo (de Comunicação): cada um dos títulos ou canais que concorrem em cada um dos meios de Comunicação.

Visão: declaração do horizonte de negócios vislumbrado pela organização na(s) indústria(s) em que atua.

Referências

Livros

BATTERSBY, G. J.; GRIMES, C. W. *Licensing desk book*. Nova Iorque: Aspen Law & Business, 1999.

BRANDENBURGER, A. M.; NALEBUFF, B. J. *Co-opetição*. Rio de Janeiro: Rocco, 1996.

GERAINT, J.; SHEAARD, S.; VICKERY; B. *Stadia*: a design and development guide. 4. ed. Oxford: Butterworth, 1994.

GIGLIO, E. M. *O comportamento do consumidor*. 3. ed. São Paulo: Thompson Learning, 2005.

KOTLER, P. *Administração de Marketing*. 5. ed. São Paulo: Atlas, 1998.

OLIVER AND OHLBAUM ASSOCIATES; FLETCHER RESEARCH. *Net profits*: how to make money out of football. Londres: Fletcher Research, 1997.

PORTER, M. *Estratégia competitiva*. 18. ed. Rio de Janeiro: Campus, 1991.

REIN, I.; KOTLER, P.; SHIELDS, B. *The elusive fan*. Nova Iorque: McGraw Hill, 2006.

SHANK, M. D. *Sports Marketing*: a strategic perspective. 3. ed. Nova Jersey: Prentice Hall, 2005.

Artigos e Relatórios

BRONCHSTEIN, M. *Sports licensing report*. Nova Iorque: EPM, 2008.

CANADIAN MARKETING ASSOCIATION. *The house Toronto FC fans built*. Don Mills, 21 abr. 2008. Disponível em: <http://www.the-cma.org/about/blog/the-house-that-toronto-fc-fans-built>. Acesso em: 20 out. 2011.

CHADWICK, S.; BURTON, N. Ambushed. *The Wall Street Journal*, 25 jan. 2010.

DELOITTE. *Football money league*. [S.l.]: Deloitte, 2006.

______. *Football money league*. [S.l.]: Deloitte, 2011.

FGV. *Plano de modernização do futebol brasileiro*. São Paulo: FGV, 2000.

FIFA. *Football stadiums*. Zurique: FIFA, 2009.

IEG. *Sponsorship Report*. Jan, Abr. 2013.

IOC. *Olympic marketing fact file.* Lausanne: IOC, 2010.

KATYAL, S. *Impact of celebrity endorsement on a brand.* [S.l.], 2011. Disponível em: <http://www.chillibreeze.com/articles/Celebrity-endorsement.asp>. Acesso em: 3 jun. 2011.

KPMG INTERNATIONAL. *European stadium insight.* [S.l.]: KPMG, 2011.

LANCE; IBOPE. O tamanho das torcidas brasileiras. In: LANCE; IBOPE. Pesquisa Lance-Ibope. São Paulo: Lance/Ibope, 2010. Disponível em: <http://www.lancenet.com.br/infograficos/info-torcida1/>. Acesso em: 10 ago. 2011.

NASCIMENTO, S.; CORREIA, D. Rúgbi: aos trancos, em busca de um caminho no Brasil. *Revista Veja*, São Paulo, n. 2.200, 19 nov. 2011.

PWC. *Back on track*: the outlook for the global sports market 2013. Londres: PwC, 2009.

______. *Changing the game*: outlook for global sports market to 2015. Londres: PwC, 2011.

SPONSORMAP. *Measuring sports ROI.* [S.l.]: SponsorMap, 2010.

THE GUARDIAN. *Premier League broadcasting revenue*: how is it distributed? Londres, 12 out. 2011. Disponível em: <http://www.guardian.co.uk/news/datablog/2011/oct/12/football-bro adcasting-deal-liverpool>. Acesso em: 5 nov. 2011.

UEFA. *Football stadiums*: technical regulations and requirements. Nyon: UEFA, 2007.

VANDELLO, A. J.; GOLDSCHMIED, P.; RICHARDS, D. The appeal of the underdog. *Personality and Social Psychology Bulletin*, n. 33, p. 1.603-1.616, 2007.

WIKIPÉDIA. *Kano model.* [S.l.], 2011. Disponível em: <http://en.wikipedia.org/wiki/Kano_model>. Acesso em: 12 dez. 2011.

Revistas

PAN STADIA. Derby: Pan Stadia, v. 15, n. 2, 2008-2009.

Websites

ARSENAL FC. Homepage. 2011. Disponível em: <www.arsenal.co.uk>.

F1 CORPORATE. Homepage. 2011. Disponível em: <www.f1corporate.com>.

GOLF CHANNEL. Markets USA. 2011. Disponível em: <www.golfchannelsolutions.com>.

JEREMYPERSON.COM. Homepage. 2011. Disponível em: <www.jeremyperson.com>.

JOGANDO PELO MEIO AMBIENTE. Homepage. 2011. Disponível em: <www.jogandopelomeioambiente.com.br>.

NATIONAL FOOTBALL LEAGUE. Homepage. 2011. Disponível em: <www.nfl.com>.

NEW YORK METS. Citi Field. 2012. Disponível em: <www.nymets.com>.

OLYMPIC MOVEMENT. Homepage. 2011. Disponível em: <www.olympic.org>.

PERFORMANCE RESEARCH. Homepage. 2011. Disponível em: <www.performanceresearch.com>.

SPORT CLUB CORINTHIANS PAULISTA. Homepage. 2011. Disponível em: <www.corinthians.com.br>.

SPORTS BUSINESS JOURNAL. Homepage. 2011. Disponível em: <www.sportsbusinessdaily.com>.

TORONTO FC. Homepage. 2011. Disponível em: <www.torontofc.ca>.

Impressão e Acabamento:
Geográfica editora